岩波現代文庫／社会 299

紙の建築 行動する

建築家は社会のために何ができるか

坂 茂

岩波書店

まえがき

「紙の建築」って、まさか人が使える建築物が紙でできているはずがないと誰しも思うでしょう。「水」は、「火」は、「強度」は大丈夫なの？　という疑問ももつでしょう。しかし、私は、それらの疑問をすべて解決し、実証し、世界でも例を見ない「紙の建築」を日本で実用化しました。恒久建築物、そして震災後の仮設建築物としても建設してきました。「行動する」紙の建築は今や日本だけにとどまらず、一九九九年のトルコや二〇〇一年のインドの地震後の仮設住宅、二〇〇八年の中国成都地震後の仮設小学校(いまだに使われている)、また二〇〇〇年に開かれたドイツ・ハノーバー万博の三九〇〇㎡もある日本館として世界各地で実現しています。

このような「紙の建築」を発想したきっかけは、単に物を捨てるのは「もったいない」という気持ちからです。開発を始めた一九八六年頃は、今のように環境問題やエコロジーの問題は騒がれてはいませんでした。ですからエコロジーの問題など特別に意識しなくても、ハイテクな技術に頼らず、弱い材料を弱いなりに、身の回りの物を新しい視点にたって利用することで、環境に負荷のかからない美しくて強い物を作ることはできるのです。

また、私は単純に自分の今までやってきたことを、何か社会のために役立てたいという気持ちからボランティア活動を続けてきましたが、これからの二一世紀、我々日本人はもっと世界に出て国際貢献という役割を担っていかなければならないでしょう。そんな事を考えながらこの本を書きました。ボランティアやＮＧＯ（非政府組織）、建築、国連活動に興味ある人が、私の一建築家としてのチャレンジを何かのヒントにしてくだされば嬉しく思います。

目　次

5　国連で生かす紙の建築

6　建築家の社会貢献

〈写真〉

平井広行　（表紙、七―一五頁、二八―二九頁、三四頁、五六頁上、七一―七七頁、七九頁、八一―八五頁上・左下、八八―九三頁、九六―九九頁、一〇〇頁下、一〇二―一一〇頁、二〇一頁下）

Takanobu Sakuma　（三〇―三一頁）

清水行雄　（六五頁）

ほか、スック・ジョバンニ・パオロ神父、ボランティアの人々、坂茂建築設計、Voluntary Architects' Network

〈メインタイトル〉　高橋睦郎

〈文章協力〉　内倉真紀子

〈設計パートナー〉　平賀信孝　（一九九八年より）

1 阪神・淡路大震災

鷹取教会

一九九五年一月一七日に阪神・淡路大震災は起きた。ショッキングな出来事であった。自分が直接設計した建物ではないにせよ、建築により多くの人命が失われたということに、建築家としてある種の責任を感じずにはいられなかった。医者や一般人、NGOは、早速ボランティアに駆けつけた。建築家としての自分にはいったい何ができるのであろうかと思わずにはいられなかった。

長田区の鷹取教会には多くのベトナム難民(いわゆるボートピープル)が集まっている。一月末、私はとりあえず何か手伝わせてもらおうと教会へ行くことにした。関西空港からフェリーで行ける所まで行き、三ノ宮駅まで歩き、代替バスに乗るための一キロもある列に並び、鷹取教会を探した。その時は教会の名前も場所も知らず、ただ「キリスト像だけ燃え残った教会」ということだけをたよりに、破壊された街をうろうろと歩き回った。結局、ちょうど東京から来ていた朝日新聞の記者、大岩ゆりさんと落ち合って、朝日新聞の神戸支局で教会の場所を聞き当てた。その夜は泊まる所もないので、無理を言って朝日新聞の記者の人たちが泊まっている有馬温泉の大部屋にもぐり込ませていただいた。

そして次の日曜日、朝九時三〇分から始まる鷹取教会のミサへ駆けつけた。長田区海運町の教会の周囲は、地震後の火災が最も激しかった所だ。それはまるで写真で見た東京大空襲の後の街のようで、目の前の現実を自分の中で理解して受け入れることがなかなかできなかった。その焼け野原の終わりに鷹取教会の焼け跡はあった。延焼を免れたキリスト像の脇の青空の下で、避難所や公園のテント村より集まった様々な国籍の人々が、焚き火を囲み気持ちをひとつにしてミサを行なっていた。この鷹取教会は教会自体全面的に被災しているにもかかわらず、地域復興のためのボランティア基地となっていた。そんな鷹取教会とそこに集まる人々のために何かお手伝いできないかと、教会の神田裕神父に「紙の建築」による仮設建築の提案をしたところ、神父は、「教会がつぶれて初めて本当の〝教会〟になったように思う」と言われた。つまり、本当の〝教会〟というのは、目に見える立派な聖堂があるかどうかではなく、人々の精神がそこにあるかどうかで決まる、それが重要なことなのだとおっしゃったのである。そして、「街がこのようになってしまった今、聖堂の周囲の街が復興するまで再建するつもりはない」と言われた。その言葉は感動的であったが、逆にここに

左：震災直後の被災した鷹取教会　右：震災の被害からのがれた鷹取教会のキリスト像

集まる人々のために何かしたいとの私の思いはさらに強くなり、東京の仕事や後に述べる国連の仕事の合間に教会へ通い続けた。すると神父の理解も徐々に得られ、私が建設費と建設ボランティアをすべて自分で集められるのなら「住民が集まれるコミュニティー・ホールを作っては」という話になった。しかし、神父は本当にそんなお金と人が集められると思われなかったようで、それほど現実的な話とは考えていなかったようだ。だが、すぐに設計を始めた私は、次の日曜日のミサにはまた神戸に戻り、作ったばかりの模型をお見せしたので、彼はあまりの速い行動に驚かれたようである。こうして日曜日朝五時五六分東京発の「のぞみ」に乗って、九時半からの鷹取教会のミサに通うという私の神戸での活動が始まった。

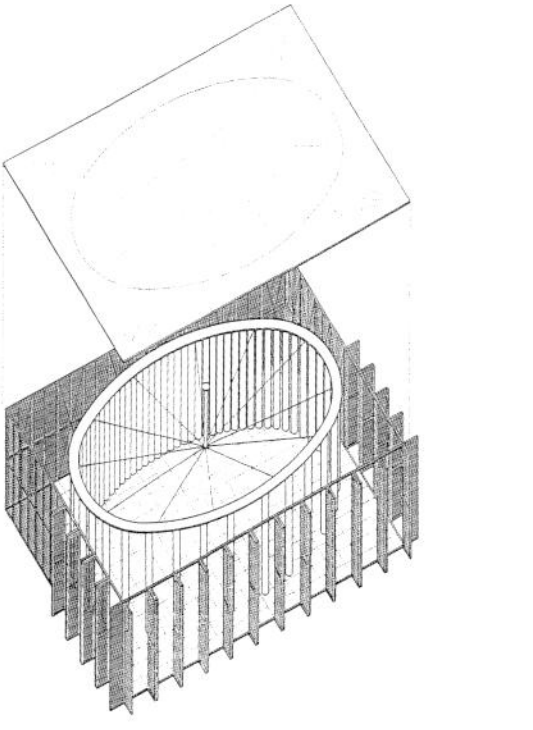

紙のコミュニティー・ホール「紙の教会」

聖堂が焼け落ちたあとには、緊急の保健室や食堂のプレファブが建っていた。その

紙のコミュニティー・ホール「紙の教会」

愛 徳 学 園

「紙の教会」夜景

「紙の教会」完成後，初めてのミサの朝

「紙の教会」初めてのミサ風景

間にポッカリと空いていた一〇メートル×一五メートルの土地が、紙のコミュニティー・ホール建設のために与えられた敷地である。この長方形を、外被としてローコストのポリカーボネートの波板で包み、その中に八〇席が配せる楕円形の空間を五八本の紙管(長さ五メートル、直径三三センチ、厚み一五ミリ)で構成した。この楕円は、正三角形を基本にして作図したものだ。ベルニーニというバロック時代の建築家がローマの教会の聖堂に使った楕円である。私はこの紙管による楕円のホールと長方形の外被の間に回廊を作った。楕円の奥の長周には紙管を密集させ、ステージや祭壇の背景となるようにした。楕円の入口側の長周は紙管と紙管の距離を離し、前面サッシュを全開すると内外の空間が連続するようにした。このことは、回廊を通りメイン・ホールへ入るという行為を生み、素晴らしい聖堂に入るときに体験するものと同様の空間的シークエンスを作りだすことになる。そしてメイン・ホールに入ると天井テントより入る光を見上げ天に引き込まれるような気持ちになる、という構成になっている。

この建物は、当初の目的のように地域住民に開かれた場としてのコミュニティー・ホールであるが、日曜の朝にはミサにも使われる。「教会がつぶれて初めて本当の〝教会〟になった」と言われた神田神父の言葉になぞらえて言えば、このコミュニティー・ホールは、寄付してくださった人々や建設してくれたボランティアの心のこも

上：「紙の教会」の前のキリスト像　下：紙管の列柱

った思いがあって初めて「紙の教会」になったのではないかと思う。

建設資金とボランティア集め

このホールの建設費の義援金と建設ボランティアは全て私が集めるというのが神田神父との約束だった。それで、まずは設計そのものよりも義援金集めに大変な苦労をすることになった。あるギャラリーで募金集めのための展覧会を催し、その記事を新聞に書いていただいたり、ラジオに出演して協力を呼びかけたりした。そして、知っている限りの建設関連企業の知人に電話をかけまくった。ほとんどの企業はすでに赤十字などに寄付した後だったり、コミュニティー・ホールといっても特定の宗教団体には寄付できないという反応だったが、それでも新聞記事を読んだりラジオを聞いたりした人、友人や親戚が数千円、数万円の単位で寄付してくれたり、講演会の講演料等で少しずつお金が集まり始めた。

そんな時、韓国の建築雑誌の編集長、リー・ウジェさんにこの計画についてファックスしたら、突然、彼の紹介だというソウルのカトリック教会の組織〝ワン・ハート・アンド・ワン・ボディ〟のジョン・ビョンシクさんより流暢な日本語で電話をいただいた。この計画に非常に共感したので、計画書を送ってほしいとのことであった。一カ月ほど経った頃、二〇〇〇万円近い寄付が届き、とても感激した。また、平成建設の高橋松作社長は母上を亡くす御不幸があったにもかかわらず、お葬式の香典で、「紙の教会」の模型写真を使ったテレホンカードを作り、その趣旨を添えて香典返しとし、残った一〇〇〇万円を全て寄付してくださった。そのようにしても目標の一〇〇〇万円はなかなか集まらなかったが、多くの建材メーカーがお金の代わりに建材を寄付してくださったので、建設のメドがたった。

建設ボランティアは建設費よりは集めやすかった。私のラジオでの呼びかけを聞いて来た佐川急便の人や、展覧会や新聞・雑誌を見て来た少数の一般の方を除けば、ほとんどが私がいくつかの大学で行なった講演会での呼びかけにより集まった全国の建築科の大学生である。この建設ボランティアの人たちは、宿泊は教会のプレファブ小屋に雑魚寝だが、食事は教会の信者さんたちが作ってくださる美味しい食事(豪華で学生たちには普段の食事よりいいと評判)が三食たべられた。しかし鷹取教会までの交通費は自前のため、最初は関西の大学を中心に講演会に回ったが、意外に集まりが悪かったので、関東の大学でも講演会に回ることにした。すると、神戸まで数万円の交通費を払ってもぜひ参加したいという学生がたくさん集まり、最終的に一六〇人以

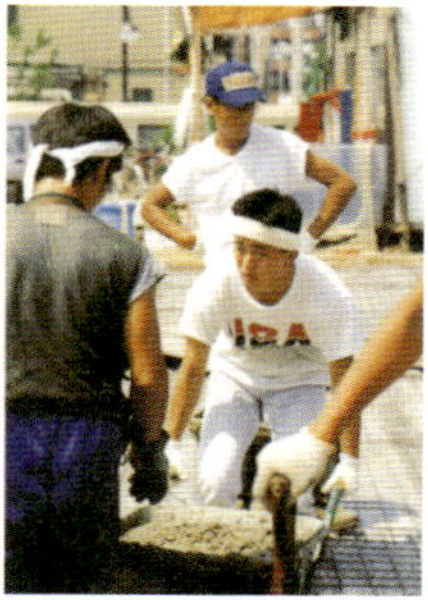

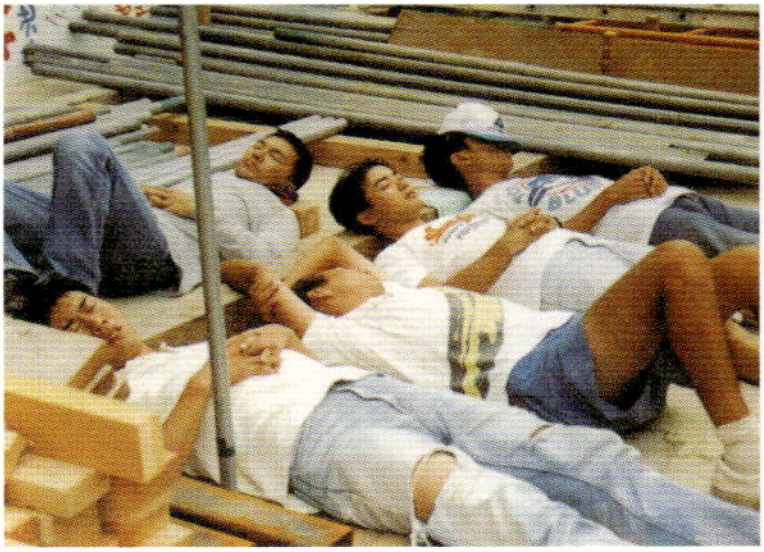

「紙の教会」のボランティアによる建設風景

P
P

「紙の教会」のボランティアによる建設風景

上の建設ボランティアの応募があった。このようにして、建設資金はともかく、建設資材やボランティアが十分に集まったので、学生が夏休みに入る七月終わりに着工することにした。

ボランティア・リーダー和田耕一さん

今回の阪神大震災後の鷹取教会を中心とした一連のボランティア活動は、神田裕神父との出会いと、もう一人、鷹取救援基地のボランティア・リーダー和田耕一さん(四六頁写真右上の人)との出会いがなければ、このように実現していなかったであろう。和田さんは鷹取教会の信者の一人で、この被災した教会に住み込み、救援活動の指揮を取っていた。本職はグラフィック・デザイナー兼絵描きで、震災後、ビルやコンテナの壁に楽しい壁画を描いて、沈んだ街を明るく飾っていた。四月のある日曜日のミサの後、神田神父より紹介され、実際に計画を進めるに当たり彼に相談するよう言われた。

その頃、建築家黒川雅之さんの紹介で、東京・松屋銀座のデザインギャラリーにおいて、「紙の教会」建設の資金集めの展覧会を開催することになった。その展覧会を見た某新聞社より取材を受けた。取材では、この建物はたまにミサにも使うが主な目的はコミュニティー・ホールであること、そして、募金の目標は材料費の一〇〇〇万円で、建設はボランティアの学生が行なうことを説明した。しかし、もし建設にボランティアを使わなければどのくらいの建設費がかかるかと聞かれたので、正確にはわからないが倍の二〇〇〇万円はかかると思うと話した。すると数日後、模型の写真と共に大きな記事が出て、話したこととは逆に、建物の主目的が教会でコミュニティー・ホールとしても使われ、その上、建設には二〇〇〇万円かかると書かれてしまった。

その記事が出た直後に鷹取教会へ行くと、神田神父がその記事のせいで近隣の人々や内部のボランティアの人々より突き上げられ、大騒ぎになっていた。神田神父には事前にプレス・リリース(新聞社に渡す計画書)をお見せしていたので、新聞記者が勝手に内容を変えてしまったことを信じてくださったが、多くの人々は、神田神父がこれまで「教会は街が復興するまで再建しない」と言っていたのに話がちがうじゃないかとか、二〇〇〇万円もかかる建物はいらない、もっと他のことにお金を使った方がいいなどと神父に迫っていた。もともと私は、たまの日曜日に教会に顔を出す程度で、神田神父と、最近出会った和田さんしか面識がなく、教会に住み込んでいる多くのボランティアの人々からはひややかな視線を感じていた。そんな時にこの新聞記事の問題は起こったのだ。

神田神父と善後策を話し合った後、和田さんから教会の外で会って話をしようと言われ、喫茶店で落ち合った。すると、和田さんは次のように言われた。この計画は神田神父が賛同し、上の教区の承諾を取っているし、自分もいい計画だと思うので全面的に応援する。しかし、教会内部の他のボランティアの人々の中には、そのような建物の建設には反対、自分たちも建設は手伝わないという考えもあるということだった。私のような外の人間がたまにやって来て、皆の意見も聞かず大きな計画を立案し新聞にも取り上げられたら、教会に住み、毎日地道なボランティア活動をしている方々に理解されないのも当然である。和田さんも個人的には協力するが、そんな皆の気持ちを簡単には変えられないので、今いる人々は私の計画には参加できないから独自にボランティアを集めるように言われた。

このような事態になってしまい非常にショックではあったが、和田さんの力強い言葉と態度にはずいぶん励まされた。彼は普段とても厳しい人で(見た目にも怖そうではあるが)、ボランティアの人を毎日怒鳴り、叱りつけている。ところが本当はとても優しい人で、よく若い人を集めてはいろいろな素晴らしいお話をされる。私のスタッフで教会に常駐した女性も、彼の話にいつも涙し、〝涙ちゃん〟というあだ名まで付けられた。いずれにせよ今回の計画は彼の多大な協力なくしては実現しなかったであろう。

仮設住宅「紙のログハウス」

震災後、行政は避難所の人たちが全員移れるだけの仮設住宅を至急建設すると約束した。そこで私は、仮設の集会所を作るようなコミュニティー支援へまわった。ところが六月に入っても多くの人々が仮設住宅へは移らず、公園で貧しいブルーシートのテント生活をしている。教会に通うベトナム人に聞くと、彼らは長田区のケミカルシューズ工場で働くか、贅沢な日本人が捨てた、まだ使えるＴＶやバイクなどさまざまなものを修理しベトナムへ輸出する仕事をしているという。だから一時間以上も通勤にかかる仮設住宅に移ると雇ってもらえなくなると

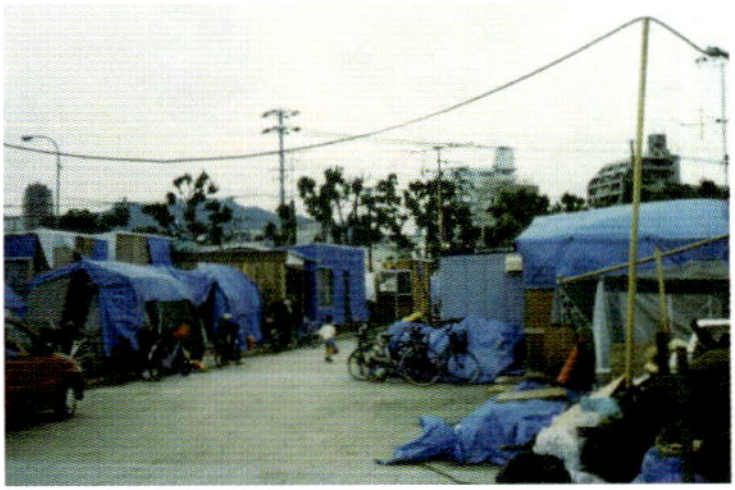

公園のテント村

いうことだった。また、外国籍の子供たちの多い長田区の小中学校にやっと慣れた彼らの子供たちが、外の学校に行くといじめられるのではないかという心配もあった。それで、公園のテント生活を続けざるを得なかったのである。だからといって、雨が降れば床は水浸し、天気の日には室内温度が四〇度にもなる非衛生的な生活を続けるわけにはいかない。さらに、震災直後しばらくは助け合って生活していた近隣の人々が、数カ月してインフラストラクチャー(電気・ガス等)も整い普段の生活に戻ってくると、公園のテント村のことを、汚い、怖い、スラム化するのではないかと思い始めていた。そして、六月になると行政側も近隣の人々も公園の人々を早く立ち退かせたいと考え始めた。それを知って私は、まだ行く所がない人々のために、衛生的な生活ができる家というだけでなく、計画的に配置された見た目にもきれいな仮設住宅を至急供給する必要があると考えた。そこで急遽「紙のログハウス」を設計し、まず一軒自力で建てることにした。

設計の基本理念は、安く誰にでも簡単に組み立てられ、夏冬の断熱性能を有し、さらに景観的にも美しいものということになる。そこで、基礎に砂袋入りのビールケース、壁に紙管(直径一〇八ミリ、厚み四ミリ)、天井と屋根にテントを使用した、ログハウスのようなキャビンを設計した。メーカーより借用したビールケースは、組み立て時には脚立代わりにもなる。壁の紙管と紙管の間には、粘着テープ付きの防水用スポンジテープを挟み両側から締めつける。テント屋根は天井と二重にし、夏は妻面を開けて風を通し、冬は閉めて暖気を溜める。材料費は一軒一六㎡あたり約二五万円である。ほかの仮設住宅、例えばプレファブやコンテナの改造版と比べても「紙のログハウス」は材料費が安く素人でも短時間で組み立てられるメリットがある。またそれだけでなく、従来の仮設住宅では解体が難しく、残材処理に費用がかかるが、ビールケースと再生紙の紙管を使った「紙のログハウス」はその点でも優れている。つまり、解体が素人でも短時間にでき、紙管は再生紙となり、ビールケースはビール工場へ返却し、リサイクルされる。

これから各自治体は仮設住宅の備蓄の問題を考えなければならない。何万軒の単位で必要なのか、それとも何十万軒なのか想定は難しい。さらに、それを備蓄する場所の問題、ほかの自治体から運ぶにしても緊急時の交通の問題もある。その点「紙のログハウス」のシステムなら、自治体はマニュアルを保有するだけでよい。紙管は必要なときに必要なだけ製作することも可能である。

ちなみに、一軒一六㎡という単位は国連のアフリカ向け難民用シェルターの基準面積である。そしてこの断熱性能のある「紙のログハウス」は、アフリカなどの暖かい

「紙のログハウス」の建った新湊川公園

キリンビール

「紙のログハウス」

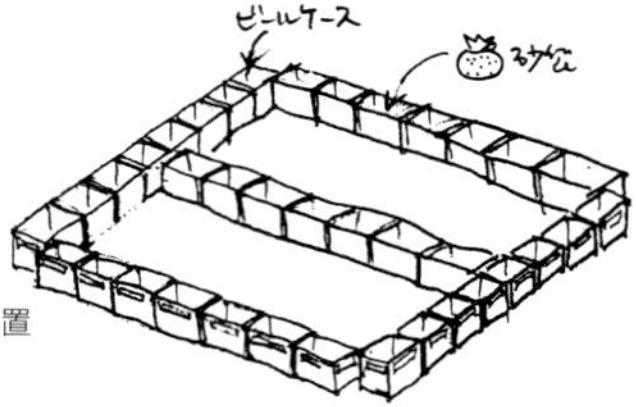

1. ビールケースの配置

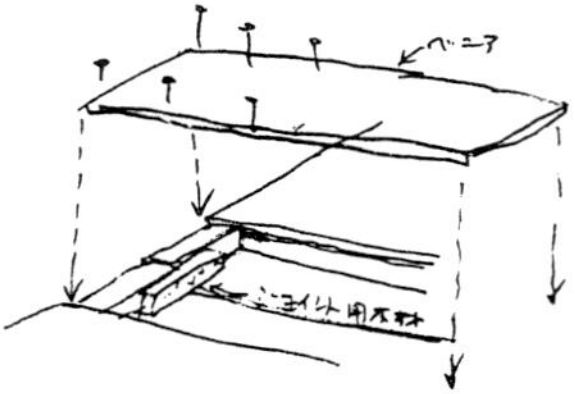

2. 床パネルの設置及びジョイント

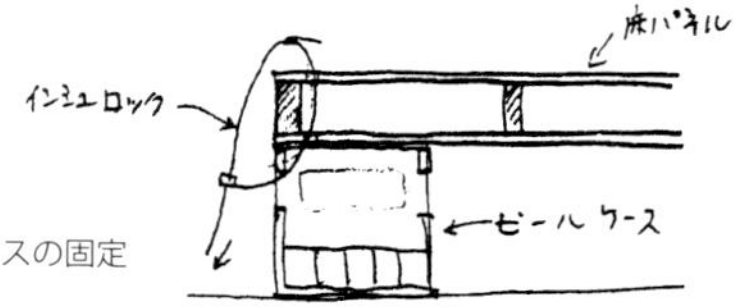

3. 床パネルとビールケースの固定

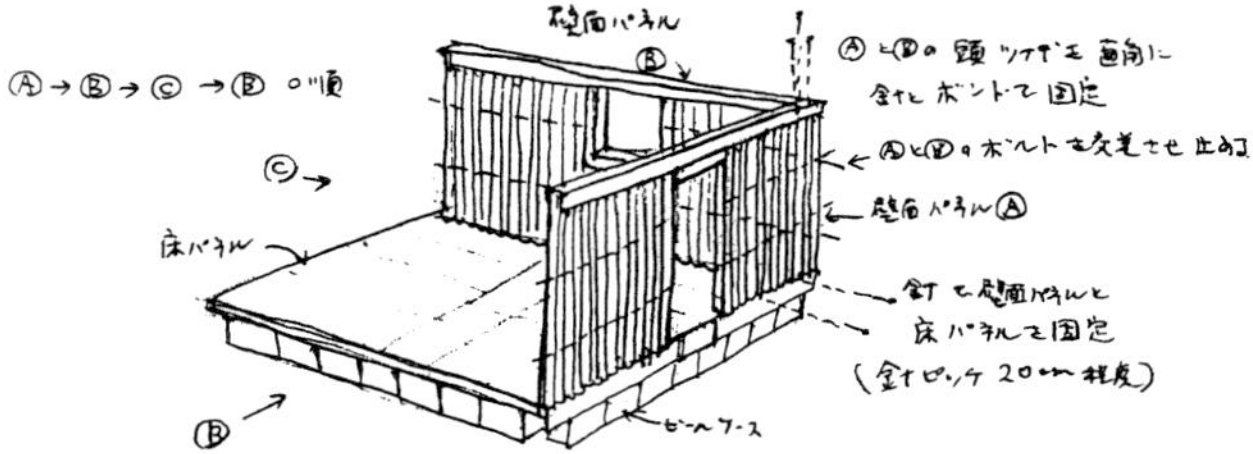

4. 壁面パネルの建込

「紙のログハウス」作業手順

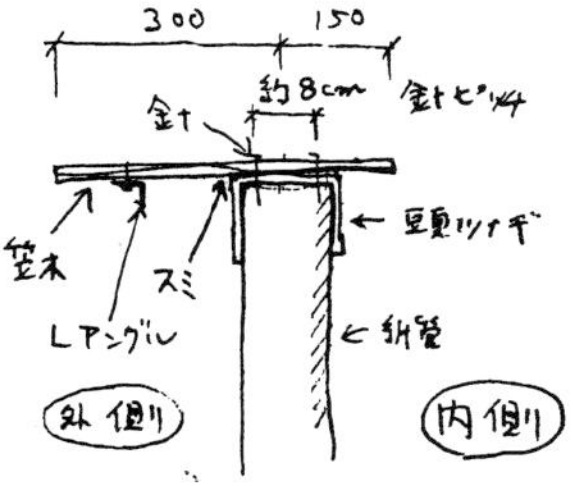

5. 笠木軒下にLアングルをビスで取付

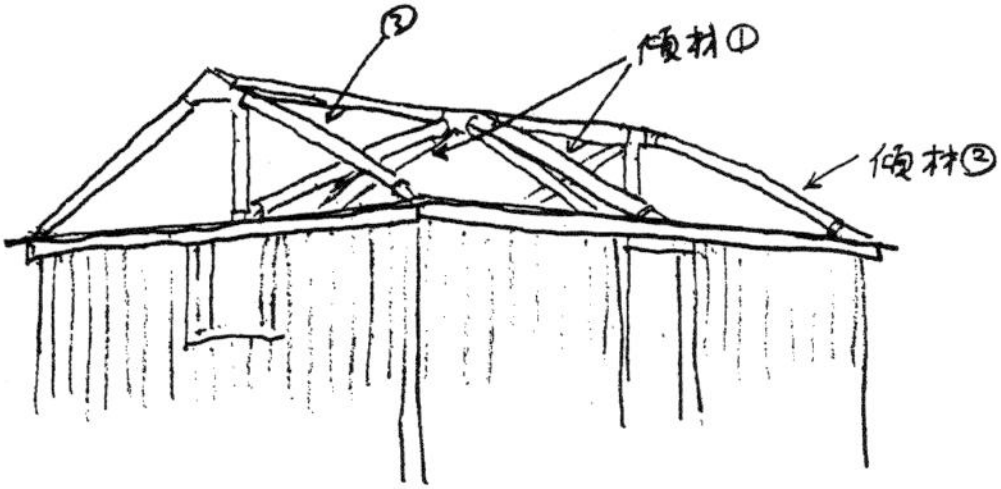

6. 傾材の取付

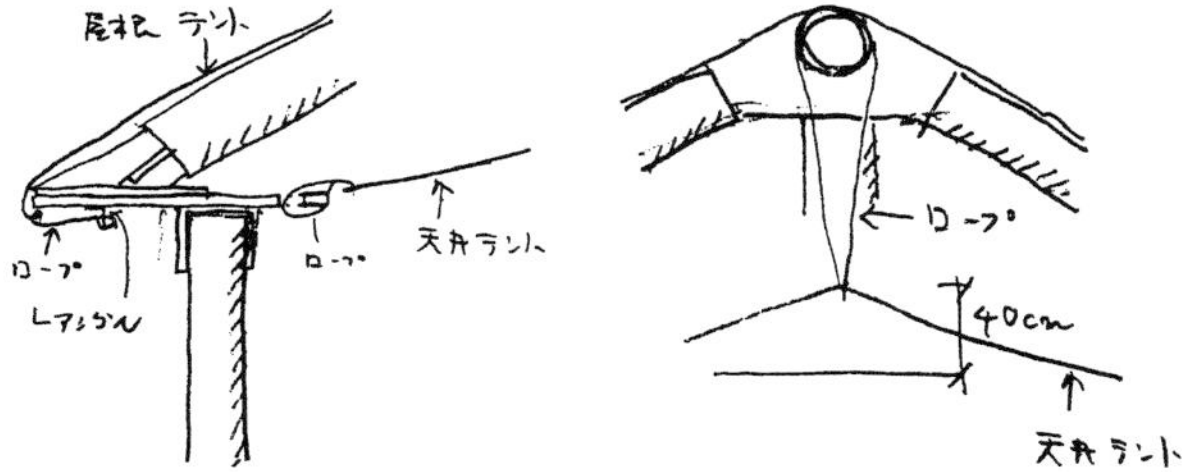

7. テントの取付

ビールケースを基礎にした「紙のログハウス」

地域以外で使われる難民用シェルターの試作としての開発も兼ねている。一軒一六㎡といっても、昼間の生活のほとんどを野外で過ごすアフリカ難民用には一家族五人で一軒、長田区では大きな子供のいる家族には二軒を基本に考えた。そして二軒の間には二メートルの間隔を取り、そこに屋根を架けコモンスペースとなるよう考えた。

やらせを強要するマスコミ

某テレビ局のディレクターが、私の「紙のログハウス」建設をドキュメンタリーに撮りたいということでずっと取材に来ていた。納得できなかったのは彼が自分ですでにストーリーを勝手に作り、その通りにならないとこちらにそのストーリーを演じるよう押しつけてきたことである。彼の作ったストーリーは、私たちがベトナム人被災者のために一生懸命仮設住宅を作っているところに、だんだん打ち解けてきたベトナムの人たちが一緒に作業するようになり、住宅を完成させるというものだった。私たちボランティアはウィークデーに作業して週末は休むのだが、ベトナムの人たちはウィークデーは自分の仕事に出ているから週末しか手伝えない。つまり、一緒に働く風景を撮るのは不可能なのだ。それに私たちは彼らに手伝ってほしいわけでもないのにテレビ局のディレクターは一生懸命そういう風にしろと言う。断ると努力が足りないとお説教まで始める始末。最終的に私がそのストーリーのようにすることを拒否すると、彼はストーリーを変えて、ベトナム人の靴の職人に頼み、その人が震災後、ずっと作っていなかった靴をだんだん作り始め、最後に神父さんに靴を作ってプレゼントするという役を演じさせた。そのベトナム人の靴職人が住む「紙のログハウス」を撮影するときも大きなクレーンで上から撮るようなすごいセットを組む。そしてベトナムの子供たちにその辺で遊び回るよう指示している。どうしてそこまでするのか。人々が心をうたれるようにテレビ放送することが一番大切で、事実は二の次と考えているような横暴さを感じてしまう。ドラマティックで絵になることばかり意識しすぎて本当のドキュメンタリーが何であるか、本来のテレビ報道が何であるかなど、ジャーナリズムのあるべき姿を完全に忘れてしまっているのではないだろうか。

ボランティアは誰のため？

私の事務所の若い関西出身のスタッフを現場監督として神戸の現場に送った。ところが彼が教会で問題を起こしてしまった。問題が起きた日は私も夕方まで皆と一緒に現場にいたのだが、私が帰った後、酔っぱらって口論になってしまったらしい。計画通りにいっていないこと等を他のボランティアの人たちから文句を言われ、売り言葉に買い言葉で「ボランティアでやってあげているのになぜそこまで言われなきゃならないのか……」と彼が言ってしまったのだ。ボランティアの人たちをはじめ、和田さんも神田神父も激怒して、紙管を持ってすぐに引き上げろと言われたらしい。翌朝五時に電話でそのことを知った私は、慌てて教会に行って皆に謝罪して彼を東京に帰すことにした。結局他のスタッフ二人を専属の現場監督として常駐させることにした。そして私も問題が落ち着くまで一週間ほど滞在することにした。

そんな時、「ボランティアは誰のためにやっているのだろう」と考えてみた。もちろん初心は、何か被災者の役に立ちたいという率直な気持ちだった。しかし活動しているうちに、自分がやっていることは、はたして本当に被災者の役に立っているのだろうかと疑問をもちはじめる。それでも、間接的であれ、また今すぐにでなくとも、誰か喜んでくれる人がいるのだと信じ、また、「ボランティアは結局、自分のためにやっているのだ」と気が付いた時、初めて「誰のため」とか「売名行為と思われはしないか」といった迷いから解放され、自然体で活動を続けられる自信がついたのである。

Xデーの決行「紙のログハウス」の建設

七月初めに長田区の南駒栄《みなみこまえ》公園に建てた一軒目の「紙のログハウス」は非常に評判がよく、鷹取教会の神田神父を中心とした被災ベトナム人救援連絡会の支援で、ベトナム人と日本人用に三〇軒建てようということになった。もともとは「紙の教会」建設のみの計画だったが、仮設住宅「紙のログハウス」の建設も同時に進めることになったのである。仕事も苦労も倍になったが、このことは結果的には、それまで私の計画が既存のボランティアの人々から支援されず気まずい関係であった状況を解決することに繋がった。

「紙のログハウス」の三〇軒分の材料費は被災ベトナム人救援連絡会の支援で賄えることになったが、建設のボランティアは「紙の教会」のために私が集めた人数だけでは到底足りなかった。そこで神田神父と和田さんの提案で、「紙のログハウス」の建設は鷹取救援基地のプロジェクトとすることにより、救援基地に集まっている既存のボランティアが、我々のボランティアと一緒になって建設に当たることとした。

ところが、建設を予定している南駒栄公園の日本人自治会より猛反対を受けた。南駒栄公園のテント村コミュニティーは非常に複雑で、日本人とベトナム人の関係、さらに北ベトナム出身者と南ベトナム出身者の複雑な関係が存在した。ベトナム人のテントは南駒栄公園の道路脇にL字形に配置され、中の日本人テント村を囲む形になっていた。行政側が強制的にテントを撤去するのではないかという緊張感があり、日本人住民は行政に対する〝立ち退き反対〟の意思表示をすると共に、一種のバリケードになっている道路側のテントに住んでいるベトナム人が、公園奥の空き地に建設予定の「紙のログハウス」に移ることに猛反対したのだ。そこで、私は日本人自治会へ通ったり、手紙にこの計画の真意を書いて送ったりした。しかしなかなか理解を得られず、とうとう神田神父から、南駒栄公園はしばらく置いておいて、ベトナム人だけが住んでいて複雑な問題が比較的少ない新湊川公園に建設するよう指示があった。

その頃、我々はマスコミに対して神経質になっていた。以前にも「紙の教会」の展覧会の誤った記事で教会に迷惑をかけていたし、公園に仮設住宅「紙のログハウス」を作ること自体が行政の方針に相反するものであったので、マスコミにより計画が事前に報道され、様々な邪魔が入ることを恐れた。そこで、マスコミを全部遮断して入口に鎖を付けたりして排除してしまうと、今度は秘密でなにか変なことをやっているという記事が週刊誌に載ってしまった。

とにかく、まず新湊川公園に建設する六軒の部材を、マスコミを一切シャットアウトした教会の中でプレファブ化の加工をすませ、一軒に一人ずつ六人のリーダーを育成し、邪魔されないよう一日であっという間に作ってしまおうと計画した。ボランティアの人々にも、いつ、どこで建設するということを話さず、その日をXデーとして準備を進めた。Xデーは、八月五日と決まり、前日の昼、和田さんから全員にそのことが告げられた。

その日の夜に何人かが徹夜をして新湊川公園の場所取りに行った。我々の建設予定地は、朝になると違法駐車の車に占領されてしまうからである。そして夜中二時頃には六軒分の部材を全てトラックに積み込んだ。次の朝、六時に教会を出発し六時半より建設を開始した。各チーム・リーダーを含め、一〇名ずつ六つのチームに分かれ、その他、後方支援として材料の供給、水や昼食の準備の人員も合わせると、総勢八〇名ほどが参加した。

この新湊川公園は、長田区役所に近く、役所への通勤路でもあるため、万が一の役人とのトラブル(中止命令)を考え、私や和田さん、そしてゲンさん(ドラム缶風呂を始めたり、黙々と大工仕事を続けるボランティアの要)などリーダー的に顔が売れている者(?)は神田神父の指示で八時から九時の間、近所の喫茶店に隠れた。しかし、

「紙のログハウス」のボランティアによる建設風景

「紙のログハウス」のボランティアによる建設風景

ンビール
BEER

紙管の壁の建込み

ゲンさん

池田神父

神田神父

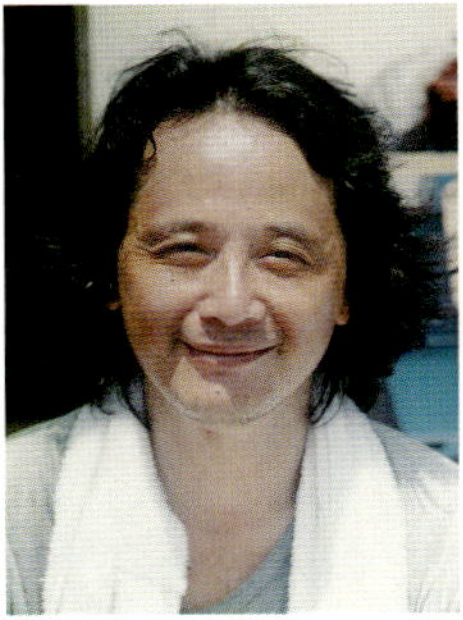

シスター是枝

パオロ神父

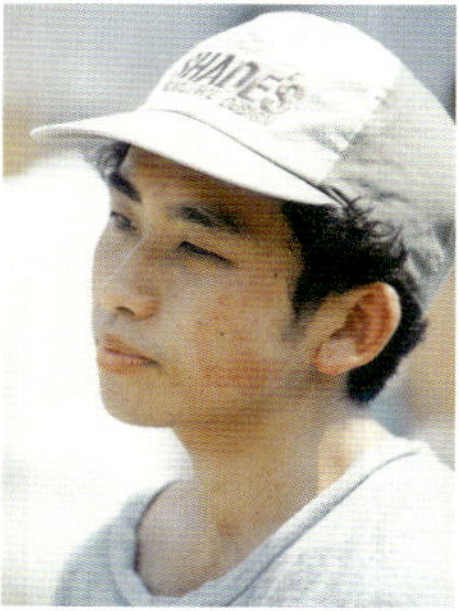
SHADES

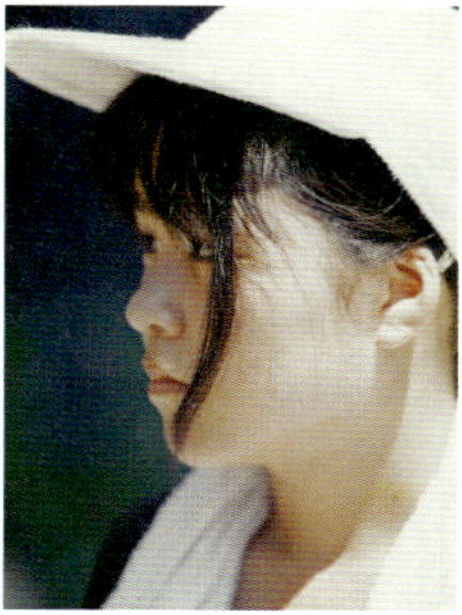

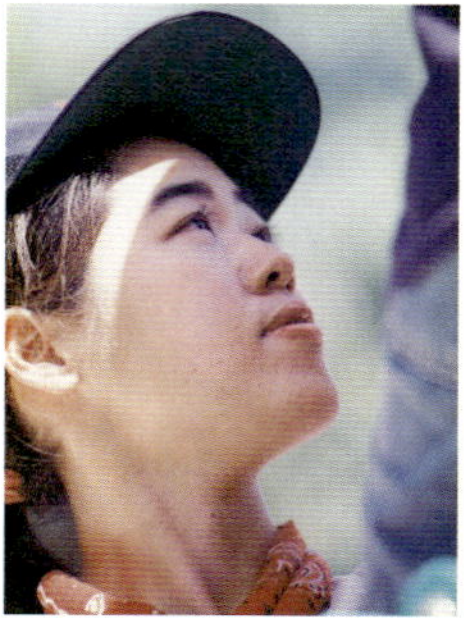

AFS

ボランティアの人々

ボランティアの人々

石川崇之
今井恭介
小林篤史
小松広和
佐野もも
柴垣　涼
谷田明義
塚本佳弘
鳥井口太一
中村洋祐
西尾玲子
原田浩行
平井　文
深山貴史
森　昌文
森　みわ
山縣武史
林野友紀

和田一将
朝井典之
生田志津
今津洋也
江向　映
小野若菜
金光善和
木村暁子
桜井信吾
篠原靖弘
高木昭良
田端謙一
玉井玲子
時津晴司
中永勇司
中村　久
長岡健太郎
西村千秋

二瓶陽子
平岡真由美
平山恵子
藤原徹平
前田祐子
三棹聖史
池田勝利
市原英明
岡村祐治
木原一弥
近藤真司
菅井啓太
徳丸信好
二宮健晴
畑中勤士
不破博志
堀　順博
三村歌奈子

赤松純子
久山幸成
新田育代
有村雅和
加藤友紀
甲高美香子
縣田浩二
本多真盛
山田泰弘
鯉田裕行
平井利佐
鴨井志保
原田久嗣
井之上哲也
望月芳恵
沖田瑞貴
中川昌幸
中村秀樹
川合康央
山下滋雄
北岡慎也

古田恭子
吉村玲子
前田順子
廣田編子
篠崎洋暢
長野　篤
江見　勉
石谷貴之
西村隆行
加藤広之
池野政夫
松居雅永
長野昌子
原　光治
森川貴美子
合田彰浩
西村大吾郎
植栗　健
藤田憲一
安食美智子
荒木研一

安藤　紫
石橋貴行
井林　徹
岩川希美
岩田祐加子
大槻昌志
大野純平
大橋恵子
奥田真也
小原　健
加藤美緒
岸本宣彦
貴島貴美子
熊倉雅美
熊倉康男
倉本健市
児玉こずえ
小林　篤
是国光威
作間敬信
澤田伸一

塩田玲子
島崎淳二
高田和政
高堀洋平
多田聡子
田中晶子
田中幸子
田中めぐみ
土井秀宰
中沢光啓
中村洋子
永吉恭子
成瀬雅哉
丹羽　修
根子智世
浜端三奈
比企美代子
平山　純
藤原裕之
文野正裕
星野貴彦

前田慶史
前野　綾
政友規子
松坂明子
南井奈穂子
村松雅樹
村本　勝
森本洋江
山口あき子
山口あま子
山崎道範
山下隆司
山田卓矢
横川優子
横塚政良
吉田未玲
田辺寛子
青木泉美
石岡桂奈
石黒ゆう子
黒岩　聖

佐藤桐子
設楽敏生
高田和政
三江健太
藤本　暁
大橋清美
下井京子
福原　淳
福田忠昭
小俣貴教
宮澤　誠
池田雄一
池田孝次
和田耕一
細谷吉秀
青木優尚
細谷　類
田中麻衣子
藤川　真
大館　慎
金忠治紀

武内　慶
高橋芳明
出口　悟
出口幸子
出口達也
出口絢子
山田康成
吉田正明
藤澤武司
田口和典
茂木健太郎
堤　康江
平田あずさ
鈴木順子
中野京子
福島和花子
魚井里都
岩崎千恵子
成田はる美
青木優子
清石　実

考橋照生
田中　一
今木一豪
寺地五一
入佐俊明
三樹　穣
中村憲太郎
佐藤　成
大槻俊樹
神宮　浩
志村暢洋
森　弘昌
大矢貴司
高橋利直
酒井直樹
豊田善弘
渕上彰彦
浜地将太郎
坂村誠一
梶山敦彦
大原敦郎

前田晃宏
山田洋之介
荻野谷千積
河野鉄兵
横田右近
島垣一宏
坂本雅志
寺井　譲
飯田和秀
成田篤彦
山口仁史
小田川順一
河北常太
倉本康宏
鳥塚拓矢
粟飯原雅尚
入江晃之
斎藤　慎
桑原　毅
真子和弘
佐野　仁

田崎　学
佐瀬純樹
酒井一禎
柳沢幸代
長谷川尚子
石川リエ
臼井佐貴子
柴田幸江
伊藤亜紀子
伊藤三千代
伊藤芙由子
青山幸多
秋本和紀
佐藤賢吾
塩見　庸
茂木智之
八板晋太郎
服部麻夏
近藤照子
問芝典子
北出賀江子

森川幸香
天野珠路
田中幸恵
鈴木和史
斎藤尋輝
村上峰雄
朝田剛史
山口　勉
藤江　徹
伊藤繁樹
伊藤亜紀子
岩崎　誠
明石健次
沓名利幸
高島亜也
東京経済大学一同
清心女子大学一同
六甲学院一同

（順不同）

何のトラブルもなく、組み立てを開始してから八時間後の午後三時には無事六軒の「紙のログハウス」は完成した。

神田神父は事前に神戸市役所や長田区役所へ、この「紙のログハウス」建設の相談に行った。神戸市役所ではまったく耳も貸してくれなかったが、長田区役所ではある程度理解を示してくれたそうである。役人が公園に仮設住宅を建てるという違法行為を簡単にOKできるわけはなかったが、役人として最大限の協力〝黙認〟をしてくれたのではないかと思う。事実、その頃、区役所では公園の至る所に仮設住宅建設禁止の看板を立てたが、我々の「紙のログハウス」の周りには立てなかった。

この鷹取救援基地あげての大作戦実行は、一緒に汗を流すことにより、それまでぎくしゃくしていた既存のボランティアと我々の新しいボランティアの関係を一気に改善し、お互いの理解を深め、素晴らしい協力関係を作り上げた。

この後、行政に仮設住宅建設が正式に認められた南駒栄公園にも二〇軒建てた。九月一〇日には鷹取の「紙の教会」も見事に完成。神戸はインフラストラクチャーを中心に着実に復興しているが、いまだに様々な問題がたくさん残されている。これからも新たな局面を迎えるだろうが、我々の支援も継続的に、そして状況に合わせて変化させていくことが必要だろう。

「家具のアパート」の提案

阪神大震災後、一年を過ぎると、仮設建築の時期は終わり本建築を作る時期となった。行政やディベロッパーによる集合住宅は次々に建ち始めたが、長田区などもともと小さな木造賃貸住宅（通称文化住宅）が密集していた地域ではいっこうに元のようなアパートが再建されない。そこで、そのようなアパートを持っていた大家さんたちを訪ねてみると、ほとんどの方が高齢でご自身も被災し仮設住宅に住んでいる。「もう今さらアパートを再建する精神的・肉体的・経済的余裕はない。土地を売って自分たちはマンションにでも住めればそれでよい」と、どなたも言われた。その気持ちはよくわかるが、彼らが一度土地を手放してしまえば、前のような低家賃の木賃アパートは再建不可能であり、住人たちは元の町へ戻ってこられなくなるわけである。そこで、これまで開発してきたプレファブ住宅のシステム「家具の家」を使ってロー

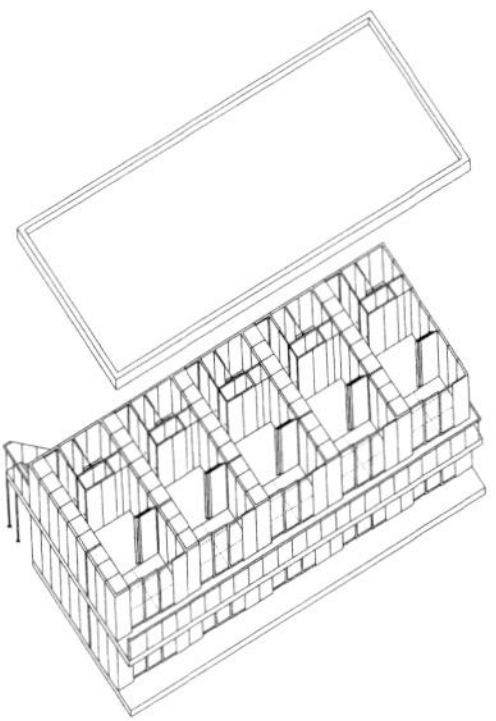

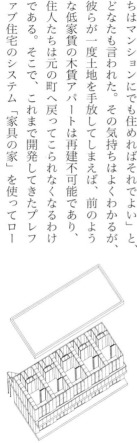

上：「家具の家」室内　下：「家具の家」建設風景

コストのアパートを建設する活動を、財団法人まちづくり市民財団の支援で始めた。

阪神大震災の際、家具が倒れて人を怪我させたり、逆に家具の隙間にいたおかげで屋根が落ちてきたけれど助かったというような話をよく聞いた。家具は人を傷つけたり助けたりするほど頑丈にできている。その強度を利用し建築の主体構造とするのが「家具の家」のシステムである。このシステムは、内外壁断熱も仕上げも完了した家具を、地方の機械化された家具工場で作り、現場に搬入するやり方だ。家具のユニットはひとつひとつが小さい(幅九〇センチ、高さ二四〇センチ、奥行四五～七五センチ、重さ七〇～一三〇キロ)ため、運搬、建設時にトレーラーやクレーンを必要とせず、簡単に組み立てられるので、阪神地区の人手不足や狭い道路などの悪条件にも適したシステムである。さらにアパートの間取りは繰り返しが多く、量産できる家具ユニットを効率よく使える。また、隣部屋との境も壁一枚より家具があれば、音も伝わりにくいというメリットもある。

2　紙は進化した木だ

弱い材料を弱いなりに使う

「紙の建築」とは、紙管つまり紙の筒を構造材として使う建築のことである。紙を構造材に使った最初の例は、一九五二年にアメリカの構造技術者バックミンスター・フラーが作った段ボール紙製のジオデシック・ドーム(三角形の多面体による球形ドーム)であろう。フラーが使った段ボール紙が面材であるのに対し、紙管は線材であり、柱や梁やフレームを形成する。

紙管は特殊な材料ではなく我々の身の回りに多く使われている。例えば、トイレット・ペーパーの芯やファックスのロール紙の芯や賞状入れの筒、建築ではコンクリートの丸柱を作る時の型枠としても使われる。コンクリートの型枠として使われる場合は、水分を多く含んだ泥状のコンクリートを入れるので完全防水されている。日本の伝統的番傘も紙でできている。つまり紙は、簡単に防水できるし、壁紙のように難燃化もできるハイテク素材である。

普通の紙管は再生紙でできている。再生紙は作られる時に紙の繊維が切れているので弱く、バージン紙を使えば繊維が長いのでもっと強い紙管が作れる。さらに、ハイテク技術を使えば木よりも強い紙管を作ることだってできる。ただし、私は、より強い紙管を開発することには興味を持っていない。従来の建築材料の発展は、より強い材料を開発し、建築の構造をよりアクロバティカルにする方向にあった。しかし、私は弱い物を弱いなりに使ってもより強い構造を作ることができると考える。つまり、材料自体の強度とそれを使った建築自体の強度とはまったく無関係だからである。例えば阪神大震災で、鉄筋コンクリートの建物が倒壊しても木造の住宅で被害のないものがずいぶんあった。建築の強度とは、それぞれの材料を使いどう構造設計をしたかにかかっているし、建物自体軽ければ耐震面でも有利である。また弱い材料を使うからこその空間を作ることもできる。ギリシャ建築でも当時は石を積み上げて柱や梁を作ることしかできなかったので、あのように太い柱を小さな間隔で列柱状に並べざるをえなかったからこそ独自の荘厳な空間が出来上がっている。紙も弱い材料ゆえに、構造的に強くするため太い柱を列柱状に使い、紙の建築独自の空間を作ることができる。

耐久性にしても、材料自体の耐久性と建築自体の耐久性は無関係である。例えば、ヨーロッパのように石造建築の歴史を持つ国の人々にとって、水やシロアリに弱い、木を使った日本の伝統的木造建築は耐久性のない仮設建築のように見えるに違いないが、実際五〇〇年以上も経つ古建築はいくらでもある。その秘訣に、日本の木造継手や仕口の技術がある。つまり、水により腐ったり、シロアリに食われたりした木の部分を美しい継手や仕口により新しい材と交換するのである。そのようにメンテナンスをしてゆけば、材料自体の耐久性が劣っていても建築の耐久性は十分確保できる。紙の建築もコストが安いし、木造のように線材なので交換もできるし、しかも紙管ならではの特長もある。紙管は鉄の芯に接着剤のついた紙テープを螺旋状に巻いて作るので、長さはエンドレスに作れるし直径や厚みもある程度自由に変えることができる。そして、軽いので組み立ても楽で、移動可能な建築ともなりうるのである。

紙管の強度・構造実験

日本で一般的構造材として認められているものは、木、鉄、コンクリートである。海外では石やレンガも認められているが、日本は地震が多いので認められていない。構造材として認められている材料を使い構造設計をする場合は、すでに認められた材の圧縮、引っ張り、曲げ強度に従い設計をすればよい。また、構造材として認められていない材であっても、例えば石やガラスはすでに材料強度としてわかっている数値を使い設計し認定を取ることは簡単である。ところが紙管は建材としてまったく使われていないので、これを使い構造を設計するためには、素材自体の強度実験から始め、日本建築センターで建築基準法第三八条認定と建設大臣認定(現・国土交通大臣認定)を取る必要があった。と言っても架空のプロジェクトでは認定は取れないし、一般のクライアントがまだ認定も取れていない材料の認定費用まで払って設計を依頼してくれるわけはなく、自前で山中湖に別荘「紙の家」を設計することにした。紙管の防水は、ワックスやウレタン液を塗装したりフィルムを巻くなどして仮設建築で実験しその有効性が確認されてきたが、初の認定なので長期的データのない防水性に左右されないよう、設計上紙管の柱は全て屋内に入れ、水の影響を受けないものとして計画した。今回は、紙管自体の軸方向の圧縮、引っ張り、曲げ強度の測定をし、そのデータを基に設計した。また紙管の柱と基礎コンクリートを固定する木のジョイント材の接合強度の実験も行なった。さら

紙管の曲げ試験

に、紙管は木と同じように湿気が高くなると強度が落ちるので、十分な安全率を見るため湿度による強度低減を行なった。

建築センターの認定では、我々の計画と実験結果を各分野ごと(木造、鉄骨、コンクリート等)の専門家の委員が審査するが、紙の構造の専門家はいないので、木造の専門家が担当した。委員の方々は初めての材料で戸惑ったようだが、これまで多くの実績を持つ松井源吾先生が我々の構造設計と実験を担当していることで、問題なく認定を下してくださった。

「アルヴァ・アアルト展」の会場構成

アルヴァ・アアルトはフィンランドを代表する建築家であった。私は彼の、モダンななかに地域性を生かし、自然な素材と有機的な曲線を駆使した建築が好きで、フィンランド中、彼の建築を訪ねて回った。

日本に帰国し、まったく建築の実務経験のない私は、はじめ展覧会の企画と会場構成の仕事を六本木にあるアクシスギャラリーでやっていた。そこで企画した「アアルトの家具展」の会場構成に、なんとかアアルト的インテリアを作りたいと考えた。し

「アルヴァ・アアルト展」の会場

かし限られた予算で、彼がやるようにふんだんに木を使うことはできないし、仮に使えたとしても三週間ほどの仮設の展覧会が終わって撤去する時、使い終わった木を捨ててしまうのは〝もったいないこと〟だと思った。

そんな時、以前「エミリオ・アンバース展」で使った、布のスクリーンが巻いてあった紙管が目にとまった。これを何かに使えないかと考え、たくさん事務所に持ち帰っていたのである。紙管は再生紙でできているので茶色で、木のような温かみがある。そこで、桐生市の布のスクリーン屋に紙管を納品している地元の紙管工場を訪ねた。すると、ローコストで自由な長さ、厚み、径の紙管が作れることがわかり、それで「アアルト展」の会場の天井、壁、展示台を作った。使ってみると、思った以上に強度があることに気づき、これはもしかすると建築の構造材に使えるのではないかとひらめいた。これが「紙の建築」の始まりである。

実現しなかった初の「紙の建築」と堺屋太一さん

作家・堺屋太一さんが最初の「紙の建築」のきっかけを与えてくれた。一九八九年開催の「海と島の博覧会」(広島)で、彼が理事長を務めていた財団法人アジアクラブがパビリオンを出すことになり、堺屋さんより、鉄やテントを使ったハイテクなものでなく、何かアジア的でローテクな建築を提案してほしいと言われた。そのヒントとして渡された本が伴野朗氏の『大航海』であった。宦官が船長としてアジアの海をまたにかける雄大な話である。その本でテーマとなっていたのが、アジアの海と多くの人種の「うず」である。この「うず」をどう表現しようかと考えて思いついたのが「アアルト展」の内装に使った紙管である。この紙管をうず状に構造材として使ったパビリオンを提案すると、堺屋さんは次のように言われた。「世の中にないものを思いついた時は二つの可能性しかない。一つは発明した人間が天才である場合。二つ目は今まで同じことを考えた人間がいたが、コスト、技術、構造的な問題があって実現されなかった場合だ。少なくとも君は天才ではないから二つ目の可能性にちがいない。だから紙管を他の材料と比較検討してみなさい」。常に過去の歴史に範例を見つけることからアナリシスを始める堺屋さんらしい助言であった。しかし、調べれば調べるほど、紙管には安さ、軽さなど他の材料にはない多くのメリットがあり、強度的には他の材料に劣るが建材として十分可能性があるように思われた。結局、前例のないことはやりたくないという財団の他の人たちの意向で残念ながらこの提案は採用されなかったが、この堺屋さんの提案のお蔭で紙管の建築の可能性が拡がった。

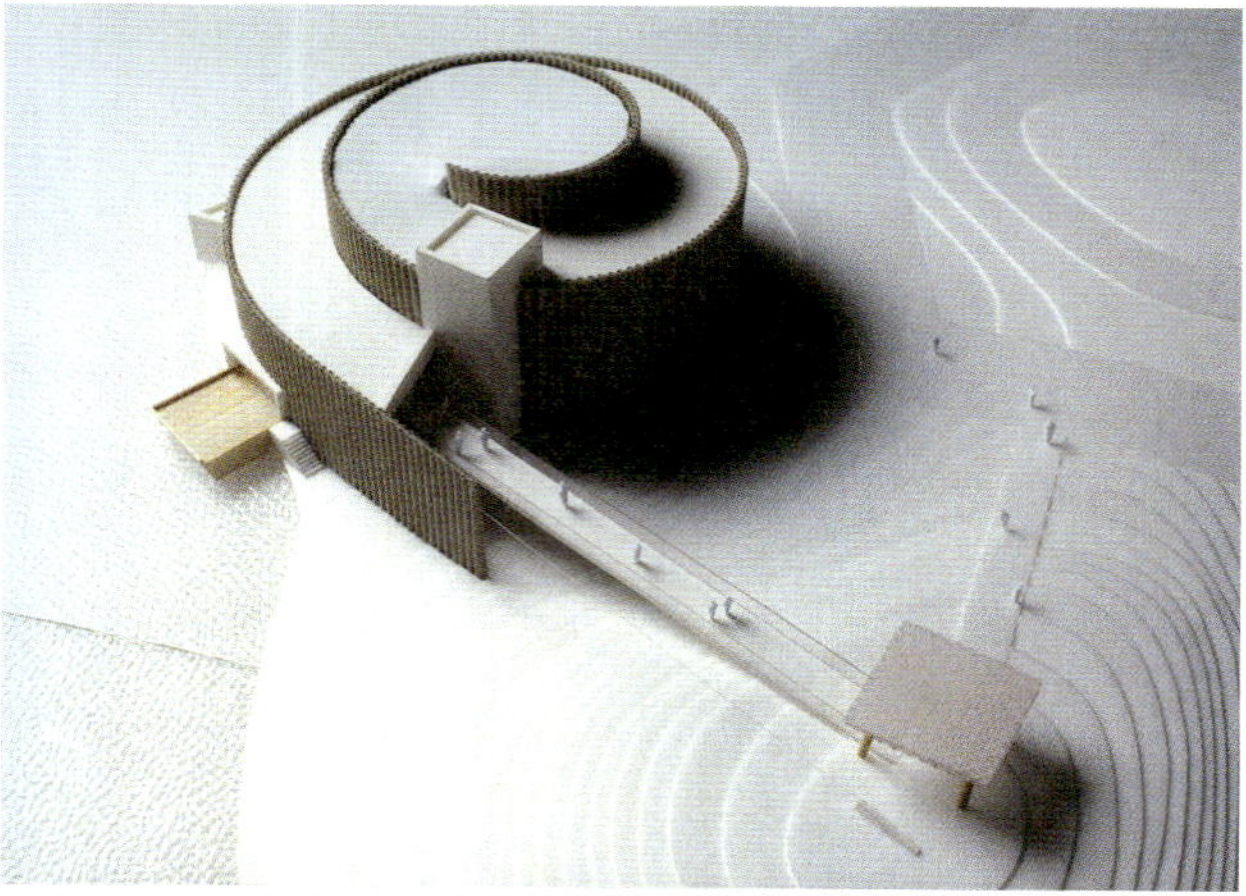

上：アジアクラブ・パビリオン(模型)　下：アジアクラブ・パビリオン(内部模型)

　このように一度は採用されなかった「紙の建築」であるが、今では数々の「紙の建築」が実現し、世界的な注目も得られている。その成功の重要な要因として世界的な環境問題とのかかわりがあるであろう。確かに堺屋さんの言われた二つの可能性は歴史的に見て正しいと思う。しかし、現在我々の地球はこれまでの歴史が経験しなかった大きな問題、「環境問題」に直面している。私が初めて再生紙の紙管を使った「紙の建築」を提案したのは一九八七年のこと。日本がバブル経済に突入し始めた頃で、「再生紙」「リサイクル」「エコロジー」といった言葉はまだまったく使われていなかった。つまり、これまでの歴史では考えもしなかった新しい問題、価値観、「エコロジー」という指標が生まれたことにより、過去の歴史にない考え方と可能性が生まれたのだ。それには、〝先入観をなくして考える〟ということが重要である。

　今ではよく「エコロジーを考えて紙の建築を始めたのですか？」と聞かれるが、正直に言うとそのような考えはまったくなかった。前にふれたように一九八五年にアアルト展の会場構成を考える時、木を大量に使う予算もなく、ましてや会期後にそれを捨ててしまうことは〝もったいない〟と考え、紙管を代替材料に使っただけのことである。しかしよく考えてみると、流行とは関係なく、ものを浪費することは〝もったいない〟という考え方が、本来の「エコロジー」の基本ではないだろうか。

「水琴窟《すいきんくつ》の東屋《あずまや》」

「海と島の博覧会」のパビリオン設計の計画がなくなった直後、サウンドスケープ・デザイン(音の環境作り)をやっている友人、鳥越けい子さんから、一九八九年の「世界デザイン博覧会」(名古屋)のための設計を依頼された。江戸時代の造園家が考えだした水琴窟を鑑賞するための東屋を二五〇〇万円程度で作ってほしいという依頼だった。予算的には厳しいものがあったが、この頃「紙の建築」をなんとか実現させたいと思っていたので、紙で作っていいならということでお引き受けすることにした。そして、これが実際に作られた初めての「紙の建築」になった。

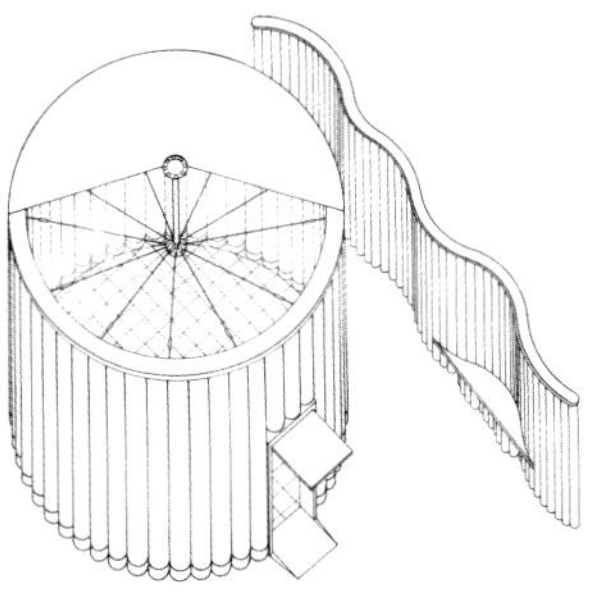

この製作にあたって、乃村工藝社の松村潤之介さんが採算を度外視して協力してくださった。彼は「海と島の博覧会」の担当だった時、私の「紙の建築」の提案に誰よりも興味をもって、その大きな可能性に注目してくださっていたのだ。それで、この東屋の建設にも快く開発に協力してくださった。構造家の坪井善昭さんと松本年史さ

「水琴窟の東屋」夜景

「水琴窟の東屋」内部

ん、アーキネットワークの平賀信孝さんの協力で設計は順調に進んでいたが、紙管の構造のように建築基準法上は世の中に前例のないことをする場合、時間と費用をかけて建設大臣認定を取らなければならない。しかし、今回はそのような余裕はなかった。そこで実験をもとに設計したものをいったん会期前に乃村工藝社の駐車場に建設し、様々なチェックを行ない、その後名古屋に移設することで、規模も小さいこともあり許可していただいた。

構造的には、外径三三〇ミリ、厚み一五ミリ、長さ四メートルの、パラフィンで十分に防水された紙管四八本を、事前に作ったコンクリート・ベースの上に差し込み円形に並べ、上端を木製コンプレッションリングにより一体化した。紙管と紙管は室内に風を通すように三センチほどの透き間を開けて並べた。この透き間からは、昼間は何本もの光の帯が室内に舞い込み、夜は逆に周囲に四八本の光の帯を放出し、建物全体が照明器具と化す。

「ときめき小田原夢まつり」メインホール

一九九〇年に小田原市制五〇周年のイヴェントホールの設計を依頼された。小田原

「ときめき小田原夢まつり」メインホール・夜景

「ときめき小田原夢まつり」メインホール・内部

市長であった故山橋敬一郎さんは木造建築を望んでいたが、それはコスト的にも工期的にも不可能だったので、木の代わりに紙管を使う「紙の建築」を提案した。「紙は進化した木です」という私の説明を気に入った市長は、快く同意してくれた。しかし今度の会場は名古屋での水琴窟の東屋とは比べものにならないほど大きく、一三〇〇㎡もある多目的ホールである。「紙の建築」のこれだけの大がかりなものは初めてだったので様々な困難が予想されたが、市長の決定を機に名古屋の水琴窟の東屋を見学して勉強してくださった小田原市役所の方々、小田原の建設業界の方々が、一丸となって建設に取り組んでくださったお蔭で無事に完成することができた。

仮設とはいえ規模や用途からしても建設大臣認定を取る必要があったが、そのようなお金と時間の余裕は今回もなかった。やむなく鉄骨の柱で屋根を支え、それを主体構造とし、内外壁に一本直径五三センチ、厚み一五ミリ、高さ八メートルの紙管を三三〇本使って空間を作った。この場合、紙管は主体構造ではないが、風圧を受けそれを屋根と基礎に伝える二次的構造材になる。これに対して小田原市からの許可を取る

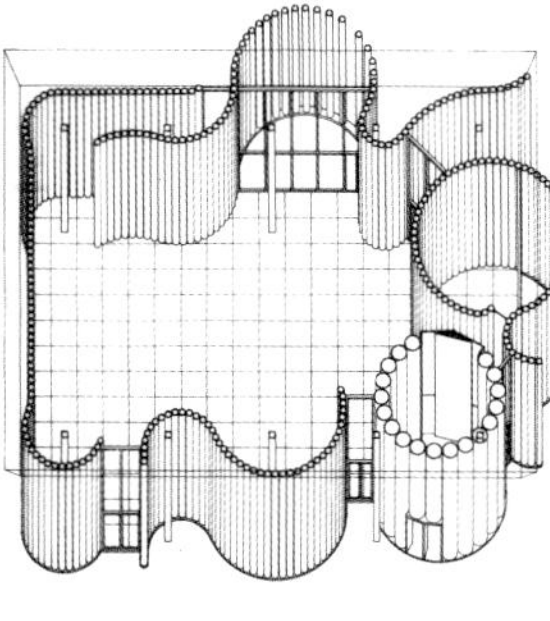

上右：「ときめき小田原夢まつり」紙管の列柱　上左：紙管のトイレ　下：紙のゲート

必要があった。そこで紙管の構造材としての実験にもっと本格的に取り組む必要があると、水琴窟の東屋の構造を見てくださった坪井善昭さんが判断され、早稲田大学教授で有名な構造家である故松井源吾先生を紹介してくださることになった。後でも説明するが、松井先生の好奇心と情熱のお蔭で、「紙の建築」はさらに発展していくことになるのである。

この時のメインホールは鉄骨を使ったので純粋な紙管の構造とは呼べない。そこで、会場の入口に紙管を主体構造としたゲートを設計した。ゲートは「建築物」ではなく「工作物」である。従って建築の確認申請が不要で大臣認定なしに作れたわけである。

「詩人の書庫」

「本も紙でできているから書庫も紙でできていてもいいかな」と詩人である高橋睦郎さんらしい納得の仕方で作れることになったのが、紙管の書庫である。形式は小田原のゲートと同じプレストレス形式(紙管の中空部に鉄筋を入れ、張

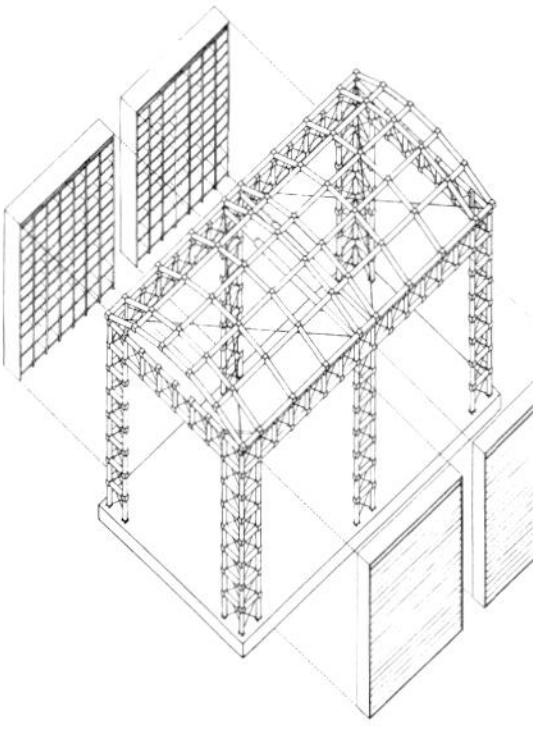

「詩人の書庫」夜景

「詩人の書庫」室内

上：「詩人の書庫」室内　下右：建設風景　下左：紙管と木のジョイント

力をかけて紙管とジョイントを一体化する方法)としたが、今回、ジョイントは木製で、溶接など特殊な技術を使わず誰にでも簡単に組み立てられるシステムを作りあげた。紙管は、この時までにクリープ変形(経年変化)の実験もしていたので構造として使うのに問題はないが、ここでは念のため紙管を室内に入れ風雨に晒されないようにした。

これは紙管を構造材にした恒久建築の初めての試みだった。認可が取れていたわけではないが、木造建築として許可を取り、安全性は実験により確認し、試験的に作った。「松井先生が半永久的にもつと言ったらやっていいよ」と言う高橋さんに、松井先生を紹介せず、当時七〇歳の先生の「僕が生きている間は大丈夫」という言葉を伝え着工したが、松井先生亡き現在もまったく問題なく使われている。

「紙の家」

これまで「紙の建築」は、仮設または小規模建築で実験的に開発してきたが、恒久的または大規模建築に使うため、建築基準法に例のない新しい材料と構法の建築を作るための建築基準法第三八条の認定を取得する必要があった。しかし予算も工期もきびしい一般の施主がいる建築では、そのような特別なお金と時間を使って開発しながら設計できるコンディションはありえない。そこで、必要もないし、行く時間もないのだが、自分の別荘を設計し、三八条認定と建設大臣認定を申請し、数々の実験と審査会をかいくぐり、一九九三年二月にやっと認定を取得した。

平面的には一〇メートル×一〇メートルの床に一一〇本の紙管をS字状に並べ、正方形と円弧の内外に様々な空間を形成した。小さい円形は、風呂場とその坪庭を囲い込み、外部の紙管は非構造の目隠しスクリーンとして自立している。構造として使われる八〇本の紙管で大きな円形を構成し、内側に居住空間と外側に回廊空間を形成している。その回廊にある直径一二三センチの紙管は、独立した柱であり、内部はトイレとなっている。大きな円形の居住空間は、独立したキッチンカウンター、引き戸および間接照明を内蔵した可動式クロゼットのみが点在するユニバーサルな空間である。しかし引き戸を引くと空間がLDKと寝室に二分され、可動式クロゼットを斜めに配置すると寝室をさらに二分できる。

結果的に認定は取れたがすぐには建設資金がなく、二年半後にやっと

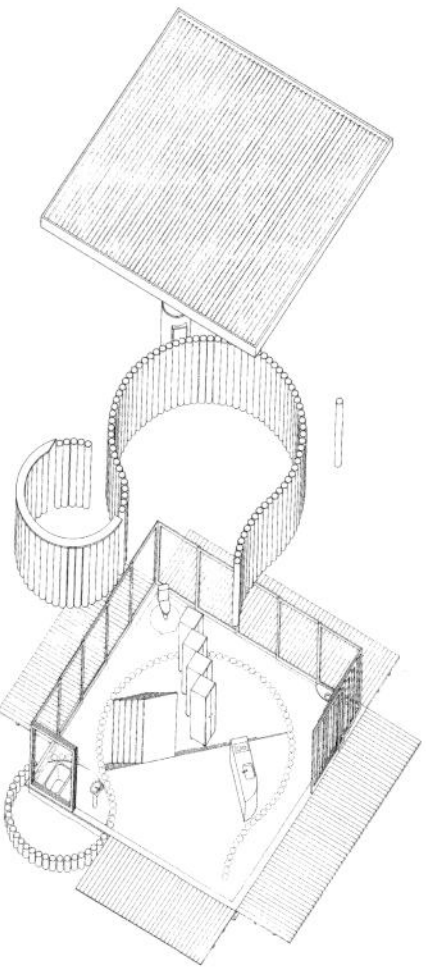

「紙の家」

「紙の家」室内

完成した。しかしやっぱり私は別荘生活をエンジョイするようなタイプの人間ではなく、一年に一～二回使う程度で、まさにその後の「紙の建築」の開発のために作った作品といえる。

「紙のギャラリー」と三宅一生さん

三宅一生さんと初めてお会いしたのは、磯崎新アトリエに勤めていた頃、アトリエで開かれた何かのパーティーの時である。もともと三宅さんのファッションのファンであった私は、彼の人柄に接し、いっぺんに彼自身のファンとなってしまった。それから一〇年後の一九九三年、北山創造研究所の北山孝雄さんの企画で三宅デザイン事務所のギャラリーの設計を依頼していただいた時は夢のようであった。

三宅さんのお仕事は、表面的なデザインでなく、服の素材や機能にまでもおよんだ新しい提案が常にあり、単にファッションにとどまらないコンセプトが含まれている。三宅さん自身、以前紙の服の提案をされていたこともあってか、「紙の建築」に興味を持っていただいた。幸か不幸かバブル経済が崩壊した直後の設計依頼で、倉庫を建てるような予算が要求されたので、「紙の建築」はこれに適していた。

二〇メートル×六・五メートルの長方形の敷地からイメージしたのはギリシャのアゴラで体験した柱と影だけの空間である。このギャラリーの紙管の列柱によって床にできるストライプ状の影は、時間を追って移動し生き生きとした表情を作りだす。背後の空間を仕切る紙管の壁は、天井の影を曲線状に映し出し、三次元的ヴォリュームを二次元的に視覚化している。椅子とテーブルも紙管で、この空間のためにつくり、後にイタリアのカッペリーニ社より製品化された。

一九九八年春の三宅さんのパリ・コレクションにおいては、紙管を使った会場構成を担当させていただいた。ここでは、直径六二センチ、長さ一三メートルの紙管七本を北斗七星の配置をイメージして配し、そこからモデルが見え隠れしながら出てくる演出もした。これまた夢のような仕事だった。

ギリシャのアゴラ

「紙のギャラリー」夜景

「紙のギャラリー」外観

本の豆知識

●函・はこ・箱??●

「はこ」というと，日常的には箱という字がよく使われるが，本を差し込み式で入れる形のものは多く「函」と表記される．函は本を守るためだけではなく，本の存在感や個性の演出にも一役買っている．図は貼《はり》函《ばこ》といい，膠（ゼラチン）を用いて手で貼る伝統的な製法である．他にも，もう少し簡便な機械函（針金止め，天地糊付函，型抜函）がある．背の部分を持って下に向けたとき，中の本がスーッとゆっくり出てくるのが理想的といわれている．

「紙のギャラリー」室内

上：98 年春，イッセイ・ミヤケ パリ・コレクション
下：紙の家具（2015 年からスイス・Wb form 社）

「紙のドーム」

岐阜・下呂温泉のそばにある池畑工務店の池畑彰社長より、突然、「紙で無柱の大空間の作業場が作れませんか」と電話をいただいた。それは積雪期間中にも野外で作業するための空間で、しかも自分たちで組み立てられるような構造にしたいというのである。そこで敷地の条件と使い勝手により、大屋根はスパン二七・二メートル、中央の高さ八メートル、奥行二二・八メートルのアーチ状に設計した。紙管は円弧に曲げることができないと当時は考えていたので、円弧を一・八メートルのまっすぐな紙管に一八等分し、集成材のジョイントで接合した。紙管のフレームは一・八メートル(外径二九センチ厚さ二センチ)×〇・九メートル(外径一四センチ厚さ一センチ)の単位に分割し、水平剛性は筋交いの代わりに、屋根の下地を兼ねた構造用合板で負担する。この合板には剛性に影響しない範囲で最大の円形の穴を空け、ポリカーボネ

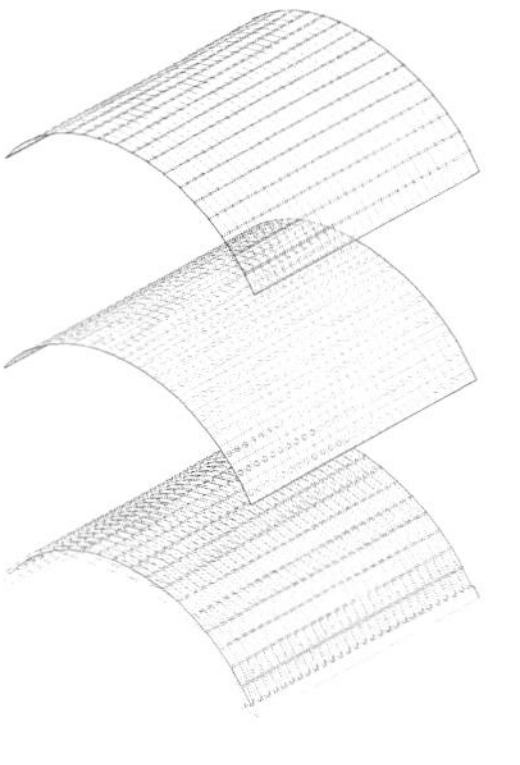

「紙のドーム」夜景

上・下：「紙のドーム」内部

「紙のドーム」紙管と木のジョイント

ート波板を通し自然光が入る。紙管は湿気の影響を最小限にするため、透明ウレタン液にどぶ漬けして防水している。アーチに掛かる曲げの力を最小にするため、小口とジョイントを完全に結合させ荷重を流すが、積雪の後、両端の雪が落ち中央だけに留まった時の変荷重に対して鉄筋のテンション材で補強している。この新しい構造のため、また新たに三八条認定を取得した。

二〇〇〇年ハノーバー万国博覧会日本館

万博のパビリオンは、歴史的に常に新しい建築の構造や材料の実験場であった。例えば、一八五一年の第一回ロンドン博では、水晶宮と呼ばれる、現代では一般的になった鉄骨とガラスだけのパビリオンが作られ、一八八九年のパリ博ではエッフェル塔が、一九六七年のモントリオール博ではフライ・オットーさんのケーブルと幕の構造、バックミンスター・フラーのジオデシック・ドームなどが世界に紹介された。

そんな万博の日本館を設計することは、学生の時からの夢であったが、その夢が二〇〇〇年のドイツ・ハノーバー博で実現した。しかも、憧れのフライ・オットーさんにコンサルタントとして設計チームに加わっていただいた。

ハノーバー万国博覧会日本館（ドイツ）

ハノーバー博は、一九九二年リオデジャネイロの国連環境開発会議で提唱された「サステイナブル・ディベロプメント」を受けたもので、環境問題が最大のテーマである。そこで設計理念として、博覧会後にパビリオンを解体しても、産業廃棄物ができるかぎり出ないよう、ほとんどの建材がリサイクルまたはリユースできることをデザイン・クライテリアとして材料や構造を考えた。基本的な構造材は紙管である。しかし「紙のドーム」で感じたのは、安い紙管に対する木製ジョイントのコストに占める割合の高さである。そこで、いくらでも長いものがつくれるという紙管の特性を考え、ジョイントがないグリッドシェル状の紙管アーチとしている。ただし、このトン

ハノーバー博日本館 内部

右：ハノーバー博日本館　ジョイント部分　左：夜景

ネルアーチは長さ約七四メートル、幅約三五メートル、高さ約一六メートルほどになり、長手の風による横力がもっともクリティカルになるので、横力に対して有利な高さと、幅方向に窪みをつけた三次元曲線のグリッドシェルとし、内部空間にも変化をもたせることにした。

紙管同士のジョイントは布の帯が使われている。二本の紙管の交点は下から押し上げられ三次元のグリッドシェルになる過程で角度が開き、テープのジョイントに適度な張力が加わる。さらに紙管自体も回転し平面的に緩やかなS字を描くので、三次元的な動きを許容するジョイントとした。

また、紙管のグリッドシェルに剛性をもたせ、屋根と紙膜材を固定して、建設中やメンテナンスにも使えるはしご状のアーチ(ラダー)と、それと直交するラフターという木製のフレームが組み合わされている。

妻面は面剛性ももたせる必要があるので、木製アーチで紙管グリッドシェルの端部を挟み込み、基礎からケーブルを六〇度のグリッドで張った。その面に一辺一・五メートルの正三角形のペーパーハニカムで格子を構成し、排気用ガラリと膜を張っている。ペーパーハニカムは「ねむの木美術館」と同様、ハニカムボードをアルミでジョイントしたものを使用している。

基礎は、スチールフレームと足場用板で構成したボックスの中に砂を充塡して、解体後リユースしやすいようにしている。

屋根膜もリサイクルを考え、不燃紙をグラスファイバーで補強しポリエチレンの不燃フィルムでラミネートしたサンプルを繰り返し実験して、必要強度と耐火性能を得ることができた。

3 留学

アメリカ留学を決めるまで

留学を決心したのにはいくつかの理由があった。まずは、外国への憧れがあった。服飾関係の仕事をしている母は、私が幼い頃から頻繁にヨーロッパへ出掛け、いつも数々の魅力的な土産を買ってきてくれた。私は、母が帰ると彼女のトランクを、玉手箱を開けるような気持ちでワクワクして開けたことを覚えている。そして、小学生の時からラグビーに熱中していた私は、なんとかラグビーの本場、イギリスかオーストラリアへラグビー留学したいと、奨学金や学校の交換留学生に応募したが、それはかなわなかった。次に中学時代、技術家庭の授業で住宅の設計がずば抜けてできたので、建築家になろうと決心した。そこでラグビーと建築学部で有名な早稲田大学へ行きたいと考えた。本当はそこまでの勉強は必要なかったのだが、早大建築学部入試にはデッサンの試験があることを知り、高校一年から毎週日曜にはデッサンを習いに行った。それがだんだん楽しくなり、高校二年からラグビーの練習後、毎日デッサンの夜間部に通った。その冬、我々成蹊高校は東京代表として全国大会で花園ラグビー場へ行った。ところが一回戦で大工大付属(現・常翔学園)に負け、全国とのレベル差を思い知らされた。ラグビーでの挫折と同時に理工系より芸術系に自分の適性をみて、希望大学を早大から東京芸大の建築科へと変更し、高校三年では、ラグビーを続けながら御茶の水美術学院の夜間の建築科(予備校)へ入った。そこで、真壁智治さんというとてもユニークな先生と出会った。当時彼は、黒いシャツに黒い職人用七分(ズボン)、金色編み上げブーツ、ポニーテールにヘビ革のヘアーバンド、眉毛を剃り、口と顎に髭を生やすというでたちであった。まだ高校生の純情な私は、彼にずいぶん影響を受けた。私は、自分で言うのもおかしいが、造形の課題はずば抜けてできたので、ほかの人が一つ完成する間に二つは作った。それを見て、真壁先生は「芸大は今面白くないから外国の大学に行ったらどうか」と言われた。そんな時、たまたま真壁先生のアパートで見た建築雑誌『A+U』に、ジョン・ヘイダック先生の作品と彼が教えるクーパー・ユニオンというニューヨークの大学が紹介されていた。まだ何も建築を学んでいなかった私にとっても、

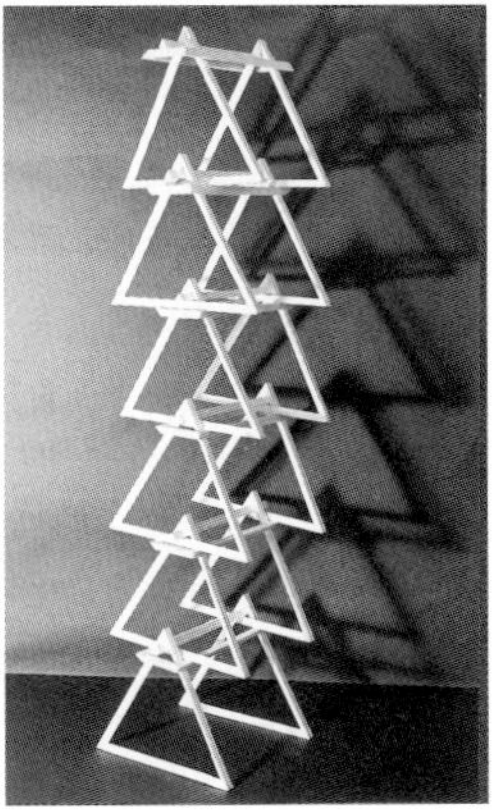
御茶美時代の造形作品

ヘイダック先生の作品とクーパー・ユニオンは魅力的で、それが私の留学の方向を決定づけてしまった。

もうひとつ真壁先生の影響として、磯崎新さんの建築に出会ったことが挙げられる。彼に連れられて建築家磯崎新さんの代表作、群馬県立近代美術館を見に行き、彼の解説でこの建築にいかに様々な新しいコンセプトが盛り込まれているかを知り感動した。そして、その時、将来は磯崎さんのもとで働こうと決めた。

南カリフォルニア建築大学(サイアーク)

渡米した最初の目的はジョン・ヘイダック先生が学部長を務めるクーパー・ユニオンで学ぶことだったが、クーパー・ユニオンの情報は日本ではまったく手に入れることができない。そこで、ともかくアメリカに行ってみると、普通の学校では九月と一月の二回あるはずの入学時期が、クーパー・ユニオンでは九月のみだとわかり、とりあえずどこか大学に入ろうと思ってみつけたのがサイアーク(SCI-Arc)だった。ロサンジェルスの英会話学校で勉強していたので、UCLA(カリフォルニア大学ロサンジェルス校)やUSC(南カリフォルニア大学)等いくつかの有名な学校を見てまわったが、それより気に入ったのがたまたま行ったサイアークだった。入学試験では学長レイモンド・キャップ先生が自ら面接をしてくれ、私は御茶美でやった課題のポートフォリオ(作品集)を見せた。学長は私の作品を評価し、その結果TOEFLも免除で二年に編入させてくれることになった。

サイアークは、一九七四年にカリフォルニア工芸大学の教授であった建築家レイモンド・キャップ先生を中心に、大学の方針に合わなくなった先生と学生で創立した新しい学校である。サイアークでの一番最初の課題は、古い工場を学校の校舎に改装することだった。私が入学した一九七八年にもまだその改装された工場が学校の校舎として使われていて、そこに学生が机等を持ち込んでそれぞれのスタジオを作って勉強している様子は他の学校にはない独創的な雰囲気であった。当時はまだ無名の学校だったが、カリフォルニアにおける建築の新しいムーブメントを代表する建築家たち、レイモンド・キャップ先生をはじめ、フランク・ゲーリーさん、モーフォシスさん等がここで教え、刺激的な授業をしていた。段ボールを合わせて作ったイスで有名なゲーリーさんは、ニューヨーク近代美術館のコレクショ

サイアークの講評会風景

ンにもなっているこのイスの試作を学校でしていたようで、当時学生がこのイスの試作品を自由に使っていたのが印象的だった。

サイアークでの低学年の時の課題で面白いと思ったのは、バックミンスター・フラーの発明したジオデシック・ドームを山の上に作りに行ったり、自分たちで新しい力学的な凧を作ってサンタモニカの海岸に揚げに行ったりしたことだ。実地的でユニークな課題が多く、クーパー・ユニオンの入学時期までと思っていたのだが、あまりに面白い授業内容で、学校の雰囲気も自分に合っていたので、二年半在学して四年生まで修了することになった。

クーパー・ユニオン

サイアークで二年半勉強した後、最初の目標であったクーパー・ユニオンに編入した。今ではサイアークも世界的に有名だが、クーパー・ユニオンは一八五九年に設立された伝統ある学校だ。そして当時はアメリカで唯一授業料が無料の学校だったので倍率も一番高かった。クーパー・ユニオンの創設者はピーター・クーパーという晩年資産家になったエンジニアだが、彼は貧しい家に生まれて苦学したので、恵まれない人にも開かれた学校をと考え、一八五九年にクーパー・ユニオンを設立した。

この校舎が建てられたのはパリ万博以前で、まだエレベーターが発明されていなかったが、エンジニアだったクーパーは縦に移動する機械が必ず発明されるだろうと予想し、校舎にシリンダー状のコアを空洞のまま入れていた。改装の時、彼の遺志を継いでシリンダー状のエレベーターが入れられたが、学生の時、このエレベーター・ホールで毎回プレゼンテーションをしていたこともあって、このシリンダーの形態が私の建築の原風景となって強烈に焼きついている。大きな空間の中のシリンダーは空間を流動的にするので、それがとても気に入って、私の初期の作品にはほとんどシリンダーがある。東京・練馬区石神井の集合住宅の設計に初めてエレベーターのある建物を設計して、シリンダーの中にエレベーターを入れることができた。

クーパー・ユニオンの校舎はヘイダック先生によって改装された数少ない彼の現実の建築物である。歴史的建造物である外観と、改装されたヘイダック先生の白の幾何学形態の内装は対照的である。自分の作品に対するヘイダック先生の愛情はすごいもので、私たちは柱に貼り紙ひとつすることさえ許され

クーパー・ユニオン

なかった。

アメリカは西と東で外国のように違うと言われるが、サイアークとクーパー・ユニオンでも対照的な教育がされていた。サイアークはカリフォルニアの前衛的な雰囲気があり、アグレッシブで個性的なものを重んじる傾向があったが、クーパー・ユニオンでは歴史が重要視されていた。歴史的なものを踏まえて初めて前に進むことができる、ということを教えられたのである。それは、客観的な理論で人を説得するということにも繋がる重要な勉強であったと思う。古典建築の勉強はクーパー・ユニオンに行ったことでできた貴重で有益な勉強の一つであった。ただ、クーパー・ユニオンの教育は、建築の実務的な教育というより、建築というひとつのメディアを使って自分の考えを表現するという、抽象的な方向に偏りすぎていたように思う。

ジョン・ヘイダック先生の教育

クーパー・ユニオンでの一番の魅力はやはりジョン・ヘイダック先生の存在だった。ヘイダック先生は大柄な人だが小さくて精巧なものが大好きで、ときどき学部長室を覗くと彼が大きな体で小さな模型をいじっていて、それは非常に印象的な風景だった。

ヘイダック先生の教育手法と、彼の初期の作品の基本には「九つの正方形のグリッド」(9 Square Grids)がある。彼はこの課題について次のように説明している。

「九つの正方形のグリッド」の課題は、新入生に建築というものを紹介するための教材として使われるものである。この課題に取り組むことにより、彼らは格子・杭・梁・柱・壁・床・周囲・領域・エッジ・線・平面・拡張・圧縮・張力・変換など、建築のヴォキャブラリーを発見して理解し始めると同時に、平面図・立面図・断面図、そしてディテールの意味に気が付き、それらを描き始める。さらに、アクソノメトリックという三次元的図を描き、立体模型をつくることにより空間を発見し、二次元的図面と三次元的模型の相互関係を学んでいく。

この概念は、ヘイダック先生の作品の「テキサス・ハウス」や「ダイヤモンド・シリーズ」などに強く表れている。また、ヘイダック先生の「建築の詩学」という言葉に示されるように、建築を題材としてものを

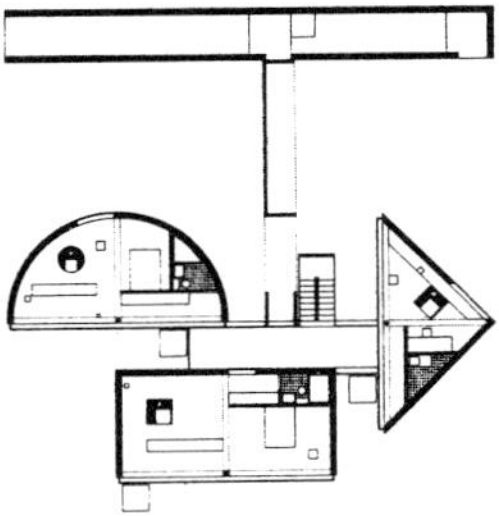
ヘイダック先生の作品

考え、建築を表現手段として、詩を三次元化していく試みは、教育活動にも、彼自身の作品にも色濃く表れている。実際、学生たちは詩のクラスを必修で取らされる。そうかと思うと、彼は構造力学に非常に力を入れ、五年間の必修科目になっている。これは、彼がローマ大学に留学した時、巨匠構造家ピエール・ルイジ・ネルヴィに師事したことでもわかるが、以下のヘイダック先生の言葉により、詩学と構造力学の関係を表現している。

The architect can create illusion which can be fabricated.
（建築家は、実際に作り上げることのできる幻想を創造することができる）

磯崎新アトリエ

アメリカの建築学部は五年制である。クーパー・ユニオンで四年生が終わる頃、卒業後の進路に迷った。選択肢としては、アメリカで大学院へ行くか、就職するか、または日本で就職するという方向を考えていた。しかし、アメリカの情報は十分にあったが、日本の状況については何も知らなかった。そこで、一年間クーパー・ユニオンを休学して、日本で働いてみることにした。日本で建築家のもとで働くとすると、高校時代より憧れていた磯崎新さんのアトリエ以外考えられなかった。そこで、冬休みに日本へ帰り、アメリカでの作品をまとめたポートフォリオを磯崎さんに見ていただき面接を受けた。私は、筆記試験には弱いが、実技や面接には強い。運良く採用された。

四学年も終わり、磯崎アトリエで働くため帰国する前に、イタリアのマニエリスム(ルネッサンス後期)の巨匠建築家アンドレア・パラディオの建築を見て回る旅行でヴェニスに行った。そこで風の便りに磯崎さん夫人で有名な彫刻家、宮脇愛子さんがヴェニス沖のリド島のホテルに滞在していることを知った。夕方ホテルへ行き、彼女の帰りを数時間待ったが戻られなかった。仕方なく、ロビーにあった生花のバラを一本取り手紙を結んでフロントに預けた。そのせいか宮脇さんに気に入られ、磯崎アトリエでは、磯崎さんの仕事より宮脇さんの彫刻の模型を作る仕事をずいぶんさせていただいた。

アトリエでは、一年くらい働いたが、なかなか直接磯崎さんとお話ししたり、指導を受けるチャンスはなかっ

磯崎新さんの作品

た。しかし当時、とても優秀でユニークなスタッフが多く、彼らから多くの刺激を受けることとなった。例えば、現在は独立して活躍している、八束はじめさん、牛田英作さん、渡辺真理《まこと》さん、渡辺誠さん、玄・ベルトー・進来さんなどは、当時から従順なスタッフというより、独立心の強い個性的な人々で、彼らを抱え込む磯崎さんの器の大きさは驚くべきものである。

4 出会い

アイディアあふれる建築家　エミリオ・アンバースさん

エミリオ・アンバースさんとの出会いは、私の建築家としての自立の方法や作品のコンセプト作りに最も大きな影響を及ぼした。出会いといっても私が彼に興味をもち、ニューヨークでクーパー・ユニオンの学生だった頃に手紙を書いて会いに行ったことがきっかけである。なぜ彼に興味をもったかといえば、彼の建築家としての自立の方法のユニークさと、様々なデザインのフィールドにおよぶアイディア豊富な作品のコンセプト作りにある。

彼はアルゼンチン出身で、自国の大学を卒業した後、アメリカのプリンストン大学大学院を卒業し、その後、ニューヨーク近代美術館のキュレーター（学芸員）となった。その頃からユニークな展覧会の企画、会場構成、グラフィックデザイン、工業デザイン、実際に

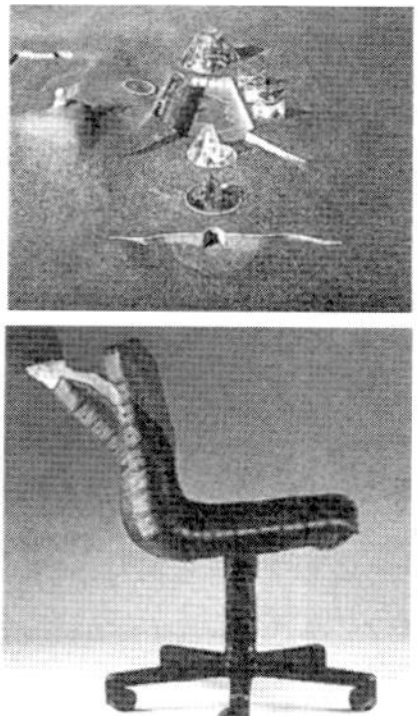
アンバースさんの作品

建つことは極めて少ない幻想的な建築などを発表していた。彼のデザインには形の美しさはもちろん、常にアイディアに満ちた機能的提案がある。例えば、切手を貼ることにより封印される、糊代のないエアログラム封筒や、輸送用のコンテナを兼ねた展覧会のディスプレー装置など、主観的デザインに頼らない説得力のある提案により、見る者をいつもアッと言わせるのである。私は彼からいろいろ学びたくて、学生時代に彼の展覧会を企画し、日本に帰国した後それを実現させた。それ以来、彼の世界各国で開かれる展覧会の会場デザインをさせていただいている。彼の影響で、私も大学卒業後どの建築家のもとでも働くことなく、展覧会のキュレーターや、工業デザインの仕事から始め、建築の実務を独学した。

恩人(?)友人(?)詩人 高橋睦郎さん

高橋睦郎さんは、最も多くの、そして多彩なチャンスを与えてくださった恩人(?)友人(?)、とにかく私にとって大切な人である。出会いのきっかけは、磯崎さんの紹介であった。磯崎アトリエで働いた、大人になった私の初めての日本生活で、何も知らない私を歌舞伎、展覧会、料理屋、バー等さまざまな所に連れて行ってくださった。

そして一九八五年にクーパー・ユニオンを卒業し、日本に最終的に帰国した後も、西武百貨店で高橋さんが企画した「未来のアダム」展に、浅葉克己、井上有一、金子國義、北川健次、熊谷トキオ、鈴木昭男、龍村仁、田原桂一、日比野克彦、松村禎三、丸尾末広、吉田カツ、四谷シモン、米林雄一といったそうそうたるメンバーと共に出品させていただいた。また、大阪造船所再開発のチームに加えてくださったり、写真家の久留幸子さん、由布院の亀の井別荘の中谷健太郎さん御夫婦などもご紹介いただき、お仕事をさせていただいた。そして、高橋さんの御自宅でも、居間の増築、書庫の新築、台所とバスルームの改装と、三期にわたって仕事をさせていただいた。御自宅は神奈川県の逗子にあるので、増改築が終わってからはあまりお目にかかれない。しかし、こんなことを高橋さんに言ったら叱られるが、たまにメンテナンスや不都合なことがあり修理に呼ばれる時が、数少ないお会いできるうれしいチャンスである。そのたびに、居間に新しいコレクション(骨董から何百種のウサギの置物などさまざま)が加わったり、庭がガーデニングされていたりと、それらにまつわる高橋さんのお話がいつもとても楽しみである。

高橋睦郎さん，「詩人の書庫」にて

世界で最も建築を見ている写真家 二川幸夫さん

世界的な建築写真家、二川幸夫さん。世界中の建築が彼の被写体になることを望んでいる写真家である。彼は自分自身の目で世界中の建築を見て回り、被写体となる建築を選びだす。誰のものでもない彼自身の価値観で選びだされた建築のみが、彼の被写体となる権利を得るのだ。多くのカメラマンは建築家もしくは出版社等から依頼されて写真を撮るのだが、二川さんはご自身で出版社を経営し、写真集の企画編集までしてしまう。

彼は常に世界的な視野でものを見ていて、世界中を回って撮影した世界最高の建築を世界中の人に見せることを考えている。彼の作っている有名な『GAグローバル・アーキテクチュア』という写真集は世界の最高の建築のみを集めたものであるが、一つの建築をあらゆる構図から見つめて一冊の本にまとめている点で世界でも珍しく貴重なものだ。世界中の建築の本の中でも、

GA シリーズ
©GA photographers

ある個人の目にかなわないと載せてもらえない唯一の本だけに、今では『GA』に取り上げられることが世界中の建築家にとってステイタスになっている。二川さんは自分の写真は単なる記録だと謙遜されるが、一点透視で真直ぐに建築と向かい合う彼の写真には他にはない迫力があり、誰もが認める世界的な第一人者である。にもかかわらず、自分の写真は記録であって作品ではないからといってポンピドーセンターからの展覧会の依頼もあっさりお断りになったほど、自分のスタンスを徹底的に守っている人である。

私がニューヨークにいた頃、娘さんの二川かずみさんと親しくさせていただいた。そんなこともあって、彼がニューヨーク滞在中は度々ご一緒させていただくことがあった。そしてクーパー・ユニオン卒業後、彼のヨーロッパ撮影旅行に同行という、またとないチャンスを与えられた。将来建築家になるにあたって世界中のいろいろな建築を見ておくことは重要な勉強だからという、ありがたいおさそいであった。

このヨーロッパの一カ月の旅行は私の人生の中で、とても甘辛い重要な経験となった。最高のものを見て味わうことが最も重要な勉強だとおっしゃる二川さんと共に、毎日世界最高の建築を見て回り、仕事の後は毎晩ネクタイをしめ最高のレストランで食事を御馳走になる。二川さんはヨーロッパ中をほとんど地図も見ずに運転された。

助手代わりだったはずの私は、せいぜい建築事務所との連絡やホテルの段取り以外することがなかった。私は助手席で二川さんの建築や料理についての含蓄ある話に耳を傾けていただけである。若い自分が何も役に立たないことにいささか罪の意識を感じ始めたが、朝早起きして洗車するくらいしかやることを思いつかない。日程も半分を過ぎたある日、ストックホルムの港をフェリーで発った後、「ストックホルムの市庁舎を見てきたか?」と問われた。それまで私は二川さんが車で連れて行ってくださる建築しか見ていなかったので、「見ていません」と答えると、彼は「あれは素晴らしい建築なのになぜ朝早く起きて自分で見てこなかったのか」と烈火の如く怒った。洗車なんかでなく、そういうことを彼は私に期待していたのだ。その時初めてそのことに気づき、本当に自分が恥ずかしくなったのを覚えている。

二川さんは撮影するかどうか決める前に建築家に断らずに、まず作品を見にいく。そしてそれがいいとなって初めて、私が建築家に電話して撮影の許可を取るのだ。それがたとえノルウェーの外れであっても、「二川幸夫氏が撮影したいと言っている」と電話で伝えると、電話ごしにその建築家の喜びがひしひしと伝わってくる。

二川さんはまったく偉ぶらず誰にでも気さくに声をかける。フィンランドの田舎でアアルトの建築を見に来た日本人学生を気軽に車に乗せてあげたり、ホテルで出会った見知らぬ人にも大きな声で挨拶する。そんなおごりのない二川さんの姿に、世界の二川幸夫の大きさを感じる。

私がアメリカ留学から帰国し一人で仕事を始めた時、前にも書いたように、まず展覧会のプロデュースと会場構成のデザインの仕事をした。その時、二川さんになぜ展覧会のプロデュースなんかやるんだと言われた。私は「日本に何のコネクションもない私にとって展覧会のプロデュースを通していろいろな人に出会うことは、将来建築の仕事と繋がると思います」と言ったのだが、彼は「そんなことに無駄な時間を使うな。いい建築家になりたければ、いい建築を作ればいい。そうすれば、自然に仕事なんかくる」とおっしゃった。その彼の言葉が私の方向を決定づけた。特に定収入のない自分にとって展覧会の仕事も魅力的であったが、二川さんの言われる通り、いい建築家となることのみを考え、自分の方向を見据えることにした。建築家に限らず他のクリエーターも同じだと思うが、我々の人生はガラス細工のように壊れやすい。おいしい話や、賞を貰って少しでもおごりはじめると、いつの間にかもともと自分が目指していた建築家とは違う方向へ走ってしまっていることがありうる。それだけに注意深く自分の方向を見定めて、自分自身をトレーニングしたり、投資していく必要があると思っている。

私の建築家としての最大の目標は、いつか二川さんに撮っていただけるような作品を作ることである。

紙の建築を実現してくれた構造家　松井源吾先生

構造家の松井源吾先生との出会いは、紙の建築のみならず私の建築全体に大きな影響を与えた。先生は、「構造は何かを制約するためにあるのではなく、可能性を拡げるためにあるはずだ」ということを教えてくださった。

初めてお会いした時、先生はすでに七〇歳。日本を代表する構造家として多くの有名建築家の仕事をされていた。ところが、当時私は三二歳の建築家の卵で、普通に考えれば私のような若造が先生に設計をお願いすることはまずありえない。しかし私は生まれつきの図々しさで、まったく躊躇せずに会いに行ってしまった。その頃先生は、昔、大工が勘に頼って使っていた木や竹の構造に新しい可能性を追求されていた。そんな折りに「ときめき小田原夢まつり」メインホールの設計協力のお願いに伺ったところ、「木の次は竹で、今度は紙か」と苦笑いしながらも興味津々の顔で引き受けてくださった。

松井先生は大学で行なった様々な研究を学問のレベルに留めてはおかない。日本には優秀な構造家が何人かいるが、先生は様々な建築家と共にその研究を実践の世界で実現させ、建築家の発想を大きく飛躍させてきた稀な構造家である。

現在、構造設計の世界はコンピューター化が進み、我々建築家が構造設計を依頼しても、コンピューターによる計算の部分がブラックボックス化し、なぜそのようになったかもよくわからない「結果」だけを受け取ることになる。しかし松井先生は昔の体質で、目もお悪いのにその場で計算尺を使い、手計算で略算をしてくださる。つまり、すべての結果を導くプロセスが目の前で視覚化されることにより、構造の流れもわかりやすく、また途中の段階で私もいろいろ意見を言ったり考えたりさせていただけるので、新たな可能性やアイディアが出てくるのである。

先生は私から一切設計料を受け取ってくださらなかった。先生の構造事務所に設計を依頼するようなお金もなかったが、私は、先生のご厚意で個人的に指導を受けることができた運のいいというか図々しい人間である。「いつか君が有名になったらな」と言い続けられて先生は亡くなってしまった。少しは私に期待してくださったのかも知れないが、今考えてみると先生も偉くなりすぎて、敷居が高すぎると感じた建築家たちが個人的に先生に相談しなくなり、寂しく思われていたのかも知れない。私はいつも夕方六時頃家に打合せに来るように言われ、毎回三〇分くらい打合せをすると「もういいか?」と言われ、私を相手にお酒を飲み始められた。私もそんな先生との時間がとても楽しみであった。

先生との最後の楽しかった思い出は、一九九四年のアメリカ旅行である。先生が日本で以前やられた「継手と仕口」の展覧会の、ニューヨークとシカゴ展を私が企画し、オープニングにご一緒した。継手や仕口という日本の伝統的な木造建築のジョイントは大工の勘により作られたが、松井先生は宮大工の住吉寅七さんと協力し、それらの強度実験を行ない学術的に解明されたわけである。そのアメリカ旅行は、七四歳の先生、八三歳の住吉さん、先生の助手を長年やられていた手塚升さん(松井先生の新しい挑戦を実際に実験したり具現化するのは彼にかかっていた)と私の珍道中であった。

松井先生は一九九五年にガンで入院されてから、「お見舞いなら来るな。打合せならいつでも来い」と言われた。ご厚意に甘えて、私は亡くなられる数週間前の一九九五年末まで、阪神大震災の後の「紙の教会」、一九九七年春に完成した秋田新幹線田沢湖駅等の設計の相談に通った。最後にお会い

松井先生(左)と手塚さん(右)

した時には「紙の教会」で毎日デザイン賞の大賞に決定したこともご報告することができた。この受賞は先生のお力なしにはありえなかったので、先生からの祝福をいただき、改めて深い感謝の念を覚えずにはいられなかった。

5
国連で生かす紙の建築

ルワンダ難民

一九九四年のルワンダのフツ族とツチ族による民族紛争で、二〇〇万人以上の難民がタンザニア、ザイール(現・コンゴ)等近隣諸国に流入した。その年の夏、日本のニュースでもその悲惨な様子が連日報道されていた。その頃はまさか自分がそのルワンダ難民にかかわることになるとはまったく想像もしていなかった。ところが秋になったばかりの頃、難民が毛布にくるまって震え上がっている一枚のカラー写真を新聞で見て、アフリカは暖かいところだと思い込んでいた私はその姿に驚いた。国連難民高等弁務官事務所(UNHCR)は難民たちにシェルターとしてプラスティックシートのみを与えていたが、九月になってルワンダの近隣地域が雨期に入り気温が低くなってくると、プラスティックシートだけでは雨風が防ぎきれず肺炎が流行り始めていた。それまで蔓延していたコレラが医療活動のお蔭でやっと一息ついたと思った直後の出来事だった。シェルターの改善をしないとせっかくの医療活動が無駄になってしまう。

早速、東京のUNHCRの事務所に行って断熱性能のある紙管のシェルターを提案したところ、ジュネーブのUNHCR本部に直接コンタクトをとることを勧められた。すぐに資料に手紙を添えて本部に送ったが、一カ月経ってもまったく返事がない。ついに業を煮やして一〇月にはジュネーブまで直接担当者に会いにいくことにした。お会いした担当のウォルフガング・ノイマンさんは、UNHCRで一五年もシェルター関係のプランニングをしているドイツ人の建築家だった。このノイマンさんから複雑な難民キャンプにおけるシェルターの実情について説明を受け、以下の二つの理由で「紙のシェルター」の提案は現実性がないと言われた。まず第一の理由は、一家族一軒のシェルターに約三〇ドルの予算しかないこと。もう一つは、あまり住み心地の良いシェルターを与えると難民が定住してしまうので最低限のものしか与えられないというUNHCRの方針である。

しかしノイマンさんはまったく別な視点で「紙の建築」に興味を示した。その頃、難民キャンプでは森林伐採が深刻な問題になっていた。UNHCRは難民にプラスティックシートしか与えていなかったので、難民たちは周囲の木を伐採してシートをかけるためのフレームを作っていた。二〇〇万人以上もの難民が一斉に森林伐採を始めたことにより深刻な環境破壊へと発展した。そこでUNHCRは木に代わる材料を探した。竹は安くて強度的にも適当であるように思われたが、東南アジアから緊急時に大量に輸入することになると値段が高騰し、ローカルマーケットを破壊してしまう。つまり、緊急時のオペレーションを自然材料には依存できないのである。塩ビ(PVC)パイプは、捨てても土に戻らないし、燃やすとダイオキシンが出て環境に悪いので、キャンプを解消する時に、パイプを回収するための莫大な費用がかかってしまう。そこで、過去一度アルミのパイプを支給したこともあったのだが、難民たちはお金のためにそれを売ってしまい、結局また木を切ってしまうということが起きた。

私がノイマンさんに会ったのは、UNHCRがこの問題に対する解決策がなく困っている時だった。そこでノイマンさんはひょっとしたら紙管が良い代替材料になるのではないかと考えた。彼はそういうわけで「紙の建築」に非常に興味を示し、結局その日の午後のアポイントを全部断ってずっと話を聞いてくれた。

伐採された木々

ノイマンさんに初めてお会いしたあとロンドンに寄り、関西国際空港の構造設計をした世界的に有名なイギリスの構造設計事務所オーヴ・アラップ社(OVE ARUP)の会長、ジョン・マーティン氏にお会いした。マーティン会長には日本でお会いした時、

すでに「紙の建築」による難民用シェルターの開発の構想についてはお話ししていた。彼は二つの点でこの計画に興味をもってくださった。一つはこの計画の人道的社会的意義、もう一つは紙管の、新しい構造材としての大きな可能性という、彼のエンジニアとしての興味である。そこで、この「紙の難民用シェルター」の開発において必要なエンジニアリングの支援をしてくださることになり、早速先日までレッドRという組織のアレンジでルワンダに支援に行っていた若いスタッフや、以前アフリカにある支社にいたスタッフなど五名のエンジニアを集めて、私の計画についての討論会をもってくださった。討論の内容はともかく、このオーヴ・アラップ社の人材の豊富さと行動力には驚かされた。

ところで、レッドR(Red"R")という組織は、Resister of Engineers for Disaster Relief のことで、各種のエンジニア(構造、土木、設備、建築 etc.)を会員として登録し、戦争、自然災害等、非常時に、登録された適切なエンジニアを現地に派遣する組織で、オーヴ・アラップ社もその一員である。

ロンドンでのオーヴ・アラップ社との打合せのあと、工業デザイナーのジャスパー・モリソンさんに会って難民シェルターのプロジェクトの話をすると、非常に興味をもってくれた。そして、社会貢献に興味をもっているスイスの世界的家具メーカー、

ルワンダの難民キャンプ

ルワンダの難民キャンプ

ヴィトラ社（Vitra）の社長ラルフ・フェールバウム氏に、君の活動についてファックスを入れておくと言ってくれた。すると次の日、突然その社長からホテルに電話があり、君の話が聞きたいから夕食にでも来ないかと誘ってくださった。あまりにも突然、社会的地位の高い方が気軽に外国にいる自分を誘ってくださるのには驚いた。日本ではいわゆる偉い人は、見ず知らずの若い人間に直接会ってくれるということはまずない。まずは、部下が会い、時間をかけ少しずつ話を上に上げる。ただほとんどの場合、判断のつけられない下の人間で話は止まってしまう。欧米の〝偉い人〟は多分自分もそのような経験で今の自分の地位にたどりつけたからなのか、積極的に若い人に会い、話を聞き、チャンスを与える。これが欧米社会のダイナミズムであり、日本のような硬直したシステムでは二一世紀の日本は生き残ってゆけないというより、国際的貢献に対応してゆけないだろう。私は、フェールバウム社長の電話から二日後には、スイスのバーゼルで彼と夕食のテーブルを囲んでいた。そして、その夜のうちに彼は私のプロジェクトへの支援を申し出てくださった。

次の日、私はヨーロッパ最大の紙管メーカー、ソノコ・ヨーロッパ社（SONOCO Europe）の代表に会いにベルギーのブリュッセルへと飛んだ。ソノコ社では、オランダ人の技術総責任者のウィム・バン・デ・キャンプさんが全面的支援をしてくださった。

のちに、ハノーバー万博日本館での紙管の活用も彼の協力なしには不可能であったと言える。

このようにして、この計画はＵＮＨＣＲの公式なプロジェクトになり、私がコンサルタントとして採用されることになった。「紙の難民用シェルター」の開発はとんと ん拍子で始まったのである。これもすべて、欧米のトップの人々の社会的貢献への意識の高さと、自分自身の価値観をもちすぐに決断を下していく彼らの判断力と決断力のおかげである。しかしもうひとつ幸運だったのは、ＵＮＨＣＲの高等弁務官緒方貞子さんが、難民問題の環境への配慮から日本の環境庁（現・環境省）よりスタッフをジュネーブ本部に迎え、彼らが、私のプロジェクトは森林伐採防止に役立つということで、バックアップしてくださったことである。

「紙の難民用シェルター」

ＵＮＨＣＲのノイマンさんの指導のもと、紙管はソノコ・ヨーロッパ社、プラスティックシートとジョイントは日本の太陽工業、そして試作の建設と放置実験は、ヴィトラ社がこのプロジェクトの人道的意義を理解して協力してくれることになった。

それでまず次のような三タイプのテントを設計し試作した。①四メートル×六メートルのシートを二本の紙管で支持する一番単純な三角テントタイプ、②①の両サイドの使えない場所を改善した左右不対称タイプ、③大きな野戦病院にも使えるようなタイプである（次々頁の写真上・中・下の順）。それらの放置実験など研究に一年間くらいかけ、防水処理方法、サイズ、ジョイントの仕様やシロアリ対策等を決めていった。あとはジョイントの開発と、実際に現地で難民の人たちに使ってもらって問題点があるか最後のチェックをするモニタリング・テストの必要がある。通常、国連のコンサルタントはそのプロジェクト期間中はフルタイムでジュネーブや現地に滞在する。しかし私は東京で設計事務所をやっているので、プロジェクトの期間を長くし、東京からジュネーブのUNHCRや、フランスのソノコ社の工場、そしてバーゼルのヴィトラ社の工場に通わせてもらった。しかし、その交通費は自前である。そしてこの頃（一九九五年の春から夏にかけて）神戸のボランティア・プロジェクトも始まり、東京―神戸―ヨーロッパを行ったり来たりの日々となった。

ヨーロッパの実験もそう簡単には進まない。日本で作った、紙管と紙管を繋ぐジョイント（最終形はプラスティックになるが試作はアルミでとても重い）を実験に間に合わせるため、飛行機の手荷物で超過料金数十万円を払って運んだり、ヴィトラ社の工

①

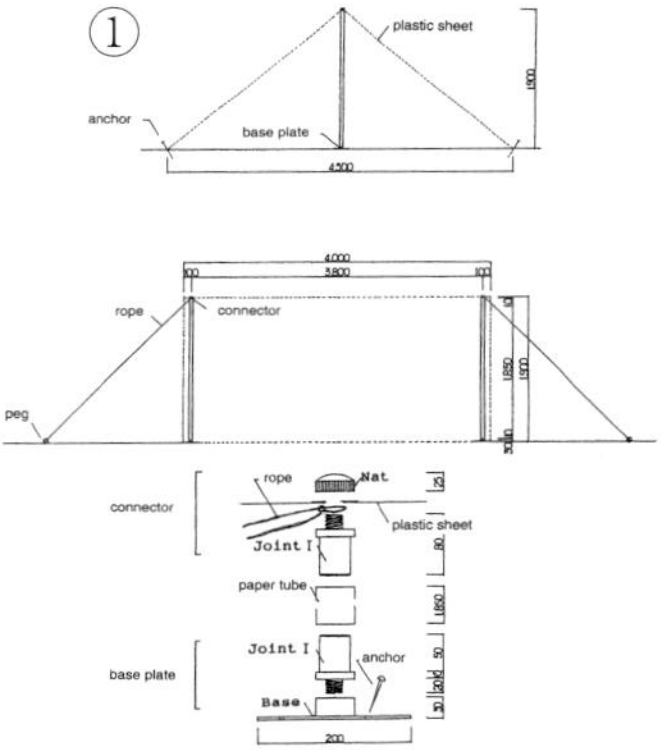
plastic sheet
anchor
base plate
4500
1900
4000
3800
100
rope
connector
peg
1850
1900
connector
rope
Nat
plastic sheet
Joint I
paper tube
Joint I
anchor
base plate
Base
200

②

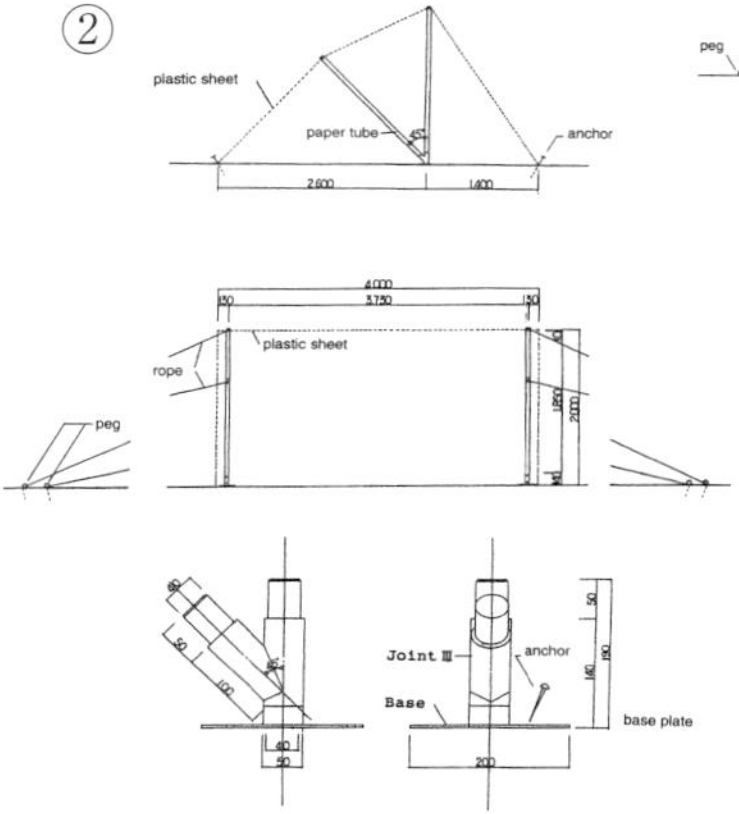
plastic sheet
paper tube
anchor
2600
1400
4000
3750
150
plastic sheet
rope
peg
1850
2000
Joint III
anchor
Base
base plate
200
40
50

③

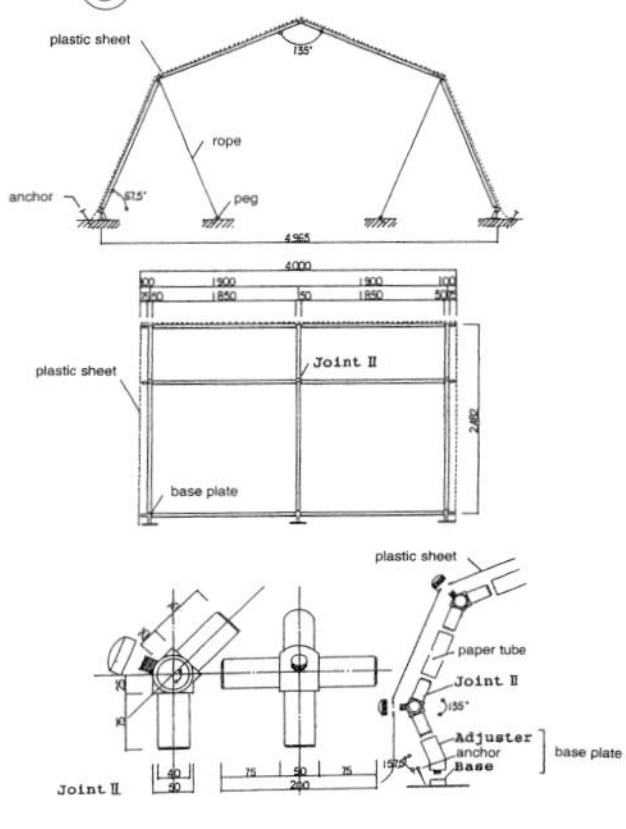
plastic sheet
135°
rope
anchor
67.5°
peg
4965
4000
1900
1850
plastic sheet
Joint II
base plate
2482
plastic sheet
paper tube
Joint II
135°
Adjuster
anchor
Base
base plate
Joint II
40
50
75
50
75
200

「紙の難民用シェルター」試作３タイプとヴァン・デ・キャンプさん

場に紙管が届いていなかった時、ソノコのパリ郊外の工場に自分で取りに行き、スイスのバーゼルまで車で運んだり等ハプニングは続く。ヴィトラ社の工場に放置実験で作った三タイプのシェルターの試作も、週末の誰もいない時にハリケーンが来て二度飛ばされ、作り直した。このようにしていろいろなトラブルはあったが、一年半かけ一九九六年七月にようやくジュネーブの国連本部の芝生の庭に試作の三タイプを再構築し、ＵＮＨＣＲの人々に最終プレゼンテーションを行なった。

ＵＮＨＣＲの建築家　ウォルフガング・ノイマンさん

難民問題そして国連機関にそれまでまったく関係のなかった私が急にＵＮＨＣＲのコンサルタントに採用され、難民問題に深くかかわることになったのは、すべてＵＮＨＣＲのウォルフガング・ノイマンさんとの出会いから始まった。ノイマンさんは、ジュネーブのＵＮＨＣＲ本部のＰＴＳＳ(Programme and Technical Suport Section)に所属している。ＰＴＳＳは難民キャンプの

ノイマンさん(中央)

設営、水や井戸の問題、農作業など様々な実践的問題を扱っている部署である。その中で建築家はノイマンさん一人で、世界中の難民キャンプを回り、その設営を行なっている。

ノイマンさんはベルリンで建築を学び、その後アメリカで巨匠ルイス・カーンのもとで働き、ドイツ帰国後はこれまた巨匠のハンス・シャロウンのもとで働いた経験のある、建築家としての王道を歩んできた人である。そのような建築家だからこそ私の「紙の建築」の面白さと可能性に興味をもち、難民用シェルターとしての可能性も見出してくれたわけである。彼との出会いなくしては私のUNHCRとのプロジェクトはあり得なかったといえる。

紙管の現地生産実験

ノイマンさんは紙管の現地生産ということに非常に興味をもっていた。紙管がいくら軽量だといっても、緊急時に敏速に大量の紙管を現地に運ぶのはやはり大変なことである。そこで現地生産できないだろうかという話になった。ノイマンさんとソノコ社の工場を訪れ、それを検証した。その結果、紙管を巻く機械は比較的小さくシンプ

紙管の現地生産実験風景

ルな工程で作られるため、NGOスタッフを少しトレーニングすれば特別な技能がなくても製作可能ではないかと思われた。そしてその実験のためにソノコ社も古い機械を無料で提供してくれることになった。最新の機械はコンピュータライズされているが、アフリカの現地で使うにはかえって古いマニュアルの機械の方が向いている。

この試験生産は、アフリカの現地でやる代りに、フランス最大のNGO、国境なき医師団(MSF)のボルドーにある広大な配送センターに機械を運び込み、MSFの技術責任者パトリック・オーガーさんの指導のもと、ソノコ社より技術者を派遣し、未経験のNGOスタッフがどのくらいの時間と費用で生産することができるかを検証することになっている。

ただ、こうしている間にも森林伐採はどんどん進んでいる。ルワンダは切る木があるだけ救いのあるケースで、スーダン北部あたりになると砂漠同然で切る木すらないのだ。そういう難民キャンプではシェルターのフレームを作る材料がないので、さらに紙管が有効になってくるであろう。

もっと必要な日本人国連職員

ここで国連機関の一つであるＵＮＨＣＲの仕事についてふれておこう。国連難民高等弁務官事務所(United Nations High Commissioner for Refugees)には大きく分けて三つの活動の柱がある。三つとは、難民を作り出さないような予防活動、現在難民になった人々への救護活動、そして難民たちの帰還促進活動である。本部はスイスのジュネーブにあり、支部は、ルワンダのキガリや、カンボジアのプノンペンなど難民を生み出している国の首都や、ウガンダのカンパラなど受入れ国の首都にある。そして難民キャンプのあるウガンダのパケレやタンザニアのガラなどに現場事務所がある。さらに東京など先進国の首都にも事務所がある。ここでは主にＵＮＨＣＲの活動の啓蒙や、政府や他の団体からの資金援助の促進を行なっている。

ＵＮＨＣＲの最高責任者は高等弁務官と呼ばれ、当時は日本人の緒方貞子さんが務めていた(任期一九九一〜二〇〇〇年)。一九九四年のルワンダ内戦やボスニア紛争という今までにない規模と複雑な危機の時期に緒方氏は素晴らしい成果を出されたが、近年国際社会の、日本そして日本人に対しての国際貢献の期待と責任は大きい。しかしこれはＵＮＨＣＲに限らず国連全体での問題であるが、日本の国連への拠出金に対して日本人職員の数が極端に少ないのである。その原因は、日本人で国連職員に「なりたい人」と「なれる人」の両方が少ないからだと思う。

まず「なりたい人」が少ないのは、日本の若者に、最初から国際社会で人道援助の仕事をしたいと考える人は少なく、もともと選択肢にも入っていないことが考えられる。さらに日本人は海外旅行の方法や就職先の選び方をみてもわかるように、先の予測がたち線路が引かれ安定する方向が好きで、一般的にみて独自の線路を模索するのは苦手なので、将来の予想もできない不安定な職業には就きたがらない。最近少しずつ変化してきているようだが、先進国の中で日本人はNGO全般に少ないし、特に国際NGOは圧倒的に少ない。そこに就職したいという若者はまだまだ少ないのである。（あえて「就職」としたのは、日本ではNGO＝ボランティアと誤解している人が多いと思われるからで、これは立派な職業である。）

次に「なれる人」が少ないことには幾つかの原因があるように思える。まずは、わかりやすいところで「言葉の壁」である。これは、日本の英語教育の問題と、島国日本人の伝統的問題(英国人は島国でも伝統的に植民地の開拓者として海外で活動する歴史がある)であろう。さらによく言われるように日本は他国と比べると単一民族に近いので、国内においては人種、言語、宗教などによる考え方の違いが少なく、価値観も近い。ゆえに人を説得する時も多くを語る必要がないうえ、言われずとも人の意を汲み取る習慣がある。おまけに日本では伝統的に不言実行、何も語らず良い事をして去っていくことが美徳とされてきた。しかし国際社会では、ひとつの国の中でも多くの人種、言語、宗教など、考え方や価値観に違いがあり、その中で人を説得するためには、客観的な理論、ストーリー、そしてそれを説明する労力を必要とする。だから何か行動する時は有言実行で、まず自分の素性、そしてやろうとすることの目的とその効果を十分説明、説得する。そしてそのプロジェクトを行なったあとには必ずその結果と課題を十分に報告(ＰＲ)し、次の活動に繋げていくことが必要である。このようなことは日本人が苦手とするところであるが、国際社会では最も重要なことである。もうひとつはスペシャリストとジェネラリストについてである。日本では、「手に職を付けた方がいい」とか「専門的な資格を持った方がいい」とよくいわれる。日本人の各分野での専門家(スペシャリスト)は、世界基準から見ても大変優れている。そしてそのような優れたスペシャリストは、前記の〝二つの言葉〟(外国語力とストーリーの構築、説得力)が苦手でも世界で通用する。しかし日本では、ジェネラリストに対する評価が低く、そして国際的に通用するジェネラリストが少ない。ジェネラリストとはコーディネーターである。コーディネーターは、プロジェクトを立案し、スペシャリストのチームを編成し、推進していく腕力のある人である。それには、様々な知識と経験が必要で前記の〝二つの言葉〟を巧みに使い、何よりも〝人に強い〟人でなければならない。日本人のように外国人に対して、いつもニコニコ笑ってごまかして生返事をしているようではジェネラリストは務まらない。このような理由で日本人の中に「なれる人」が少ないように思うのだ。

UNHCRとNGOの関係

ここで言うNGOは、海外でも活動する日本の国際NGO（例えば、アジア医師連絡協議会〔AMDA〕、アフリカ児童教育基金の会〔ACEF〕、難民を助ける会〔AAR〕、日本国際ボランティアセンター〔JVC〕、曹洞宗国際ボランティア会〔SVA〕等）のことで、それらの団体とUNHCRなどの国連機関との関係について述べたい。NGOは大きく分けて二種類の活動を行なっている。ひとつは、自主的にプロジェクトを立案して実行するものである。この中には、緊急時の援助活動や、開発途上国に病院や学校を建設・運営したり、植林活動など、それぞれのNGOが特色を出しながら立案し、民間、国、財団などから資金を集め進めている。もうひとつの活動は、様々な国連機関のプロジェクトの実施を請け負う仕事である。ここではこの後者の活動について触れる。

国連機関、例えばUNHCRは、難民が出たとき、まず現場で、水、食糧、医療、シェルターなどの援助をするわけだが、UNHCRが普段から食糧を蓄え、医者を抱えているわけではない。食糧支援はWFP(国連世界食糧計画)が行ない、医療活動は国際赤十字などに頼むわけで、装備として緊急時に備えて持っているのは浄水器やシェルター用のプラスティックシートなどに限られている。UNHCRはすぐに必要なプロジェクトを立案し、その実施はほとんど各国のNGOにゆだねるわけである。NGOは活動を拡げるために必死になって多くのプロジェクトを取る努力をする。UNHCRのプロジェクトのプログラムにのっとって、各NGOは過去の実績や現地のキャパシティーによってプロジェクトの契約をUNHCRと結び、活動を実施する。最近、日本のNGOも欧米のNGOに混ざって様々なプロジェクトを進めている。しかし、はっきり言ってプロジェクトが取れる数、すなわち組織力から言ってまだ大人と子供ほどの力の差があることは認めざるをえない。組織力の中に人脈の問題もある。UNHCRの多くのスタッフは、もともとNGOのスタッフとして活躍してUNHCRに採用された人が多い。例えば、世界最大の医療NGO、国境なき医師団(MSF)では多くのスタッフがUNHCRに採用され、というよりMSFが積極的に送り込み、太いパイプを維持することにより多くのプロジェクトをMSFに流している。日本のN

GOももっと組織力と実力をつけるだけでなく、人材を育成し惜しみなく国連機関に送り込む必要があるであろう。

本部と現場のギャップ

UNHCRで緊急ではない長期的なプロジェクトを進めるにはいろいろな困難を伴う。これには組織上の限界という問題があると思う。数年間コンサルタントとして外からかかわっているだけでは表面的にしかわからないのかもしれないが、ひとつの難しさは、若い人は別として、先進国からのスタッフにとって、難民キャンプの現場や、それらの国の支部にはそう長くはいられないことである。特に家庭を持ちたかったり、持っていたりするとさらに困難で、誰しもジュネーブなど暮らしやすい場所で働きたがる。だから数年単位でスタッフをどんどん各地へ回していくことになり、長いスパンの継続的なプロジェクトは維持しにくいのだ。二つ目の問題は本部と現場のギャップである。例えば、ジュネーブ本部では、我々の森林伐採抑制のための新しい緊急用シェルターの開発を将来的視野で進めようと考える。しかし現場では現在の状況でてんてこまいで、今すぐ実戦で使えるものにしか興味がないし、次に状況が変わった時、その人がそこにいるわけではない。さらに言えば、これは国連の宿命だが、各ポストに適切な人材がいるとは限らない。つまり国連として、ある意味では仕事の効率より人種・国籍そして性別のバランスをとっていかなければならないのだ。

これらの三つのポイントは組織の性格上、残念ながらやむを得ない問題である。むしろ、それら困難な条件の中で、UNHCRは効果的な成果を挙げ、我々の長期的なプロジェクトも彼らのサポートにより徐々にではあるが進んでいると言えよう。

日本の環境分野での貢献

前にもふれたが、高等弁務官の緒方さんは難民によって作り出される環境問題に注目し、日本の環境庁から専門家をUNHCRに派遣させている。日本政府もその専門家の立案するプロジェクトに予算をつけて実施している。このことはあまり知られていないが、緒方さんの考え方そして日本の貢献という意味で特筆すべきことである。私の、森林伐採を抑制するための紙管を使用した緊急用シェルターも環境問題に関係しているので、支援を受けているプロジェクトのひとつになっている。他には、難民キャンプやその周辺、そして彼らが去った後の環境問題を調査し「環境ガイドライン」を作成したり、現場から上がってくる様々な環境問題に対し専門家を派遣するなど、活動は多岐に及ぶ。私は一九九四年一〇月、初めてジュネーブのUNHCRへ行きシェルター担当のドイツ人建築家ノイマンさんに会った後、日本の環境庁から出向した初代環境担当の渡辺和夫さんにお会いした。彼が私のプロジェクトに興味をもってくださり、二代目の森秀行さん、そして現在の木村祐二さんへとこのプロジェクトを引き継いでくださったことにより、私は「紙の緊急用シェルター」の開発を続けることができるのである。

6 建築家の社会貢献

ボランティアが苦手な日本人

初めてボランティア活動を意識したのはアメリカ留学時代だった。当時、イタリアの建築家パウロ・ソレリがアリゾナの砂漠にアルコサンティという理想郷(?)を建設していた。その建設は全国から集まるボランティアが行なっており、私の行っていた大学、サイアークからも夏休みになると学生が寝袋を持って参加していた。日本の学生は遊ぶ金を稼ぐためにアルバイトしているが、アメリカの学生は日本の学生より自立しているのでほとんどが生活費か学費のためにアルバイトしている。そんな中、さらにボランティア活動をするというのは、まったく驚きであった。

アメリカの学生のボランティア活動の目的は二つあることに気がついた。一つは純粋に社会貢献である。これは宗教理念からきているのかもしれないが、欧米では子供の頃からボランティア活動を通じ社会との接点をもつ。そして大人になり社会的成功を収めると、事業家でもスポーツ選手でも芸能人でも様々な慈善活動を始める。(残念ながら日本ではほとんど聞かない。)二つ目は特に自分の専門分野で社会に出る前に経験、トレーニングを積むことである。だから履歴書にも様々な活動を書きアピールし、雇う側にとってもそれが大きなプラスアルファーの要素になる。

話は少しそれるが、日本人は自分をアピールするのがとても苦手だ。私の所にも多くの若い人が求職のため履歴書を送ってくるが、ほとんど定型の履歴書にそこにある項目だけを埋めて送ってくる。面接時のポートフォリオも、自分で工夫したポートフォリオでなく、学校に提出した図面そのまま、会社で書いた青焼図面そのままで持ってくる。欧米の人は皆個性豊かな履歴書やポートフォリオを作り、自分独自の才能を表現しようとする。ボランティアは自分自身のために、自分自身のアピールとして行なう行為だと思うのだが、日本でボランティア活動がこれまで根付かなかったことと自分の個性のアピールが苦手なこととは、無関係でないように思う。

フィランソロピー(慈善行為)も同様である。日本ではフィランソロピーは企業による文化事業のように考えられている。それゆえに景気が悪くなると止めてしまう。しかし本来は、まったくそれとは別な社会貢献である。例えば、アメリカの田舎町に、知名度の低い企業(または外国企業)が新たに工場を作る時などにフィランソロピーは行なわれる。その町の何かイベントが開催される時、企業名の入ったTシャツを着た従業員がボランティアでお手伝いをする。それはこの町への貢献でもあるが同時に企業名を売り、新しい土地のコミュニティーに企業が溶け込む絶好のチャンスでもある。さらにこの企業の社会的信用にもなり社員の誘致にも役に立つ。つまりボランティア活動と同様、フィランソロピーも社会貢献であり、同時に企業の社会性を高め間接的な企業利益につながるのだ。

相手の立場に立った援助を

ボランティアで何か行なう時、相手に対して「やってあげる」という気持ちをもつのは、相手の尊厳を無視した思い上がりである。前にふれたように、ボランティア活動は最終的に自分自身のためにやっていると考えた方が自然であり、活動も長続きする。そして援助する内容も自分の思い込みでなく、相手の立場に立ったものでなければならない。日本が行なっているＯＤＡの使い道にしても同様である。日本のＯＤＡは、間に入っている商社の利潤が優先していたり、国際貢献におけるアリバイ援助にもなりかねない。内容的にも、ハイテクすぎてオペレーションやメンテナンスしきれない機械を送ったり、十分なリサーチなしに土木工事を行なっている話をよく耳にする。ＯＤＡではないが、阪神大震災の後に建てたプレファブ住宅をアフリカの難民に使ってもらえないかという話があった。相手のライフスタイルや現地のコンテクスト（環境）を考えない一方的な話である。つまり、普段土壁と土間の家に住んでいる人たちに日本的なプレファブ住宅はまったく住み心地がよくない。また、工業的素材でできた壁やガラス窓など、破損した時、修理はできないし、その外見もアフリカのコンテクストの中に溶け込むはずがないのだ。

別の例では、先日私のアフリカでの活動を知った見知らぬ方から、自分はゼンマイ仕掛けのラジオを考案したので、難民にあげたらどうかというお話をいただいた。その気持ちは大変ありがたかったが、次のような話をしてお断りした。何百何千世帯ある難民キャンプの全世帯に渡せるわけがないし、その中の一部の人に渡せば、それをもらえなかった人との間の争いの種になりかねない。そして何より気になるのは、普段電気もない生活をしている人々に突然ラジオという文明の利器を与えることはいいことなのだろうか。あるいは、文明の利器だけでなく、余計な情報を与えることは彼らのためになるのだろうか。

この問題は実は難民の問題だけでなく我々にとっても同じで、今の社会のように日々新しくなる機械や情報は我々にとって必要なのか、さらにそれらは本当に我々を幸せにしているのだろうか？　その答えは「ＮＯ」である。少なくとももう後戻りのできなくなった我々の矛盾を、援助の名のもとに不自然に拡大させるべきではないことは明白である。

建築家は社会の役に立っているか?

ずっと以前から「我々建築家は果たして社会のために役に立っているのだろうか?」という疑問をもっていた。自己のエゴの表現としての浪費的デザインや、ディベロッパーの金儲けの手先、そんな建築家の姿ばかりが最近目につく。特権階級(行政、企業、金持ち)のために素晴らしいモニュメントを作ること、それを建築家の仕事として否定するわけでは決してない。歴史的にみてもそれらは人類の重要な遺産である。しかし今世紀に入り、産業革命後都市化が進み、また大戦により多くの人々が家を失い、ローコストの住宅が大量に必要になった。そこで建築家は(巨匠たちも)、集合住宅や工業化住宅の課題に取り組み、量のみならず質的にも数々の名作を生んでいる。このことは、モダニズムの技術面やスタイル面以外の大きな業績である。つまり今世紀に入り建築家は一般大衆のための仕事を始めたわけである。現在、東西冷戦は終わったが、それにより世界の至る所で民族紛争や地域紛争が勃発し、多くの難民が発生している。さらに世界規模でのホームレスの問題、そして頻発する大災害による被災者など、一般大衆以外のマイノリティー層の人たちが大量に生み出されている。モダニズムの一側面が、一般大衆のための建築だとすれば、よくモダニズム以後などといわれるが、これからは建築家がいかに社会のために、そしてマイノリティー層のために仕事をしていくかということは重要な要素になるのではないだろうか。

ルワンダ帰還難民用住宅

一九九六年秋のルワンダ軍による、ザイールの難民キャンプに隠れるルワンダ旧政府軍への攻撃により、難民と旧政府軍が切り離され、難民はルワンダに帰還を始めた。それに対し日本政府は同年一二月、国連平和維持活動(PKO)協力法に基づき、人道支援分野での初めての官民合同国際平和協力隊をルワンダに派遣する方針を固めた。協力隊のメンバーは、現地で活動しているNGOが中心となる。この決定は日本政府としては画期的なことで、別な言い方をすれば、これからの国際貢献はNGOの協力なくしてはあり得ないことを物語っている。

このNGOは、私が今まで協力体制を作ってきたアジア医師連絡協議会(AMDA)

日干しレンガで作る帰還難民用住宅

とアフリカ児童教育基金の会（ＡＣＥＦ）が中心となっていた。私はＡＭＤＡと協働して、外務省の「草の根無償」資金を使い帰還難民用住宅を作るプロジェクトを指揮するため、急遽一九九六年一二月にルワンダへ入った。ルワンダは、その前の年に行った時は、幹線道路の至る所に軍隊の検問所があり、いちいち車から降ろされ、厳しい身体検査を受けさせられたが、今回は車から降ろされず検問でストップするだけとなっており、国内の治安はよくなっているように感じた。

　今回建設する帰還難民用の住宅は、プラン、仕様などすべてルワンダ復興省で決められている。プランは六メートル×七メートル＝四二㎡の三ベッドルームで、使う材料は、壁を日干しレンガ、その上に木の小屋組み、屋根は鉄の波板で葺くというものである。打合せのため、復興省、ＵＮＨＣＲ、ローカ

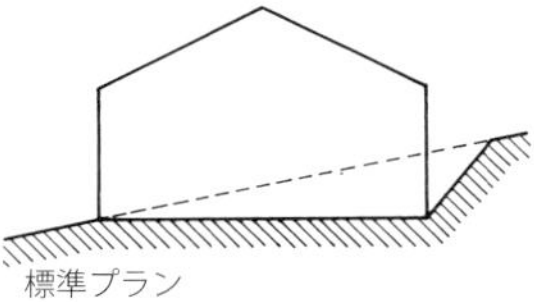

標準プラン

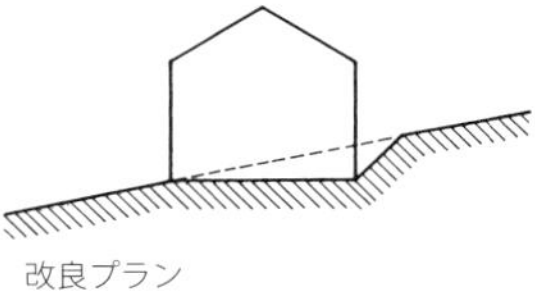

改良プラン

帰還難民用住宅の提案模型

ルNGOによる帰還難民用住宅の建設現場などを回ったが、どこにも建築家はおらず、何の疑問ももたず、何の工夫もせず、同じ仕様の家を作っていることがわかった。そこで我々は、四二㎡の三ベッドルーム、壁は日干しレンガという仕様は復興省の標準を守りつつ、いくつかの改良を加えようと考えた。まず、プランを田の字型から直線型にする。それによるメリットは、①表面積が約一六㎡小さくなりレンガの使用量が少ない、②すべての建設予定地が斜面のため、家の奥行が小さくなると、基礎のために斜面を削る量が減る、③屋根の小屋組みが小さくなるため、材料と手間が減る、④各部屋が同等の日照を得られ、風通しもよくなる、⑤主寝室と子供部屋を離すことができる、といったところである。

二つ目の改良案は、屋根と小屋組みの材料である。ルワンダ国内では、ザイールやタンザニアの難民キャンプと同様、無秩序な森林伐採が行なわれており、材木の値段も上がっている。そして鉄の波板は、天井を仕上げない彼らの家では断熱上不適切であるうえ、すべてを輸入に頼り、材質が悪いわりに、ほかの自給できる材料に比べて高価なものとなっている。そこで、それら木と鉄の波板の代わりに竹を使ったらどうかと考えた。アフリカには竹がないという先入観をもっていたし、伝統的に建材としてはまったく使われていないが、首都キガリの至る所で柵として使われていることに気がついた。建設関係者に聞くと、建築には使われないが同じサイズの木よりは安いし、国内に産地があるそうだ。まず、小屋組みの木を竹に代えることは、世界中の民家でやられてきたように問題はない。そして屋根の鉄の波板の代わりに竹をどう使うかというと、日本でも例があるように竹を半割りにして節を取り除き、スペイン瓦のように断面を上向きと下向き交互に組み合わせて葺いていくのである。このようにして、竹の建材としての利用を考えたり、家具や工芸品も作れば、新しい職業訓練とも結びつくし、さらに竹の植林をすることにより少しでも森林伐採抑制へとつながるのではないだろうか。

カンボジアのスラムに洪水にも耐える家を

一九九六年九月末、カンボジア、メコン川の洪水により、流域は二〇年ぶりの大被害を受けた。一〇月に入り、ＡＭＤＡのアレンジにより現地へ入った。被害は大きく分けて、田畑の浸水と、住宅の倒壊であった。カンボジアの多くの川の流域はもともと洪水が多いため、住宅は高床式となり、階下には家畜を飼っている。しかしプノンペン市内の川に沿ったスラム地域では、住宅の作り方が粗悪なため特に被害は大きい。

'96 10 26

'96 10 26

洪水で被害を受けた住宅群

カンボジアでは、八〇年代のポル・ポト時代に政治家や知識層（建築家や技術者を含む）とその親子親戚がほとんど虐殺されたため、国を建て直す人材がいない。それゆえに、スラム地域の問題など政府はまったく手をつけていない。プノンペンでスラム地域の問題にかかわる国連人間居住計画センター（UNCHS）のジョナサン・プリンスさんと面談し私の構想を話した。

まずスラムの住宅は、いろいろ問題はあるが、逆にそこにはそれなりの安くて手軽に家を作るノウハウがあるのではないか、材料と工法を調査することにより、継承していけるノウハウと改善すべき点を分析し、洪水にも耐えられる家を作れるはずだと考えた。プリンスさんはこのプロジェクトに興味をもち、UNCHSの協力と地元のNGO、CATDG（カンボジア唯一の建築大学 Royal University of Fine Arts の大学院生中心のグループ）との協働のアレンジをしてくれることとなった。そして幸運なことに、上記の大学へたまたま客員教授として来られていた建築家の佐藤康治さんも協力してくださることになり、一九九七年夏、我々とCATDGで協働ワークショップを行なう計画を立てた。ワークショップのもうひとつのテーマとして竹の利用がある。カンボジアの民家やスラムの住宅を見て回り疑問に思ったのは、東南アジアでは一般的に建築の構造材として使われている竹が、カンボジアでは床やスクリーンなど非構造材としてのみ利用されていることである。現地の建設関係者やＵＮＣＨＳのプリンスさんに聞いても明確な回答は返ってこなかった。国際通貨基金（ＩＭＦ）も再三指摘するように、洪水の大きな要因である川の上流での大量の森林伐採を抑制するためにも、竹の利用を促進することは有効である。

北朝鮮の建築・人・生活

近年様々な問題で連日のように北朝鮮関連のニュースが新聞に載っている。例えば、金正日氏の書記長辞任、日本人妻帰国、黄長燁書記の亡命、食糧危機、南北朝鮮対話などいろいろある。しかし、こんな近い隣国で報道も多いのに我々は北朝鮮のことは何も知らない。たび重なる水害に食糧問題だけでなく、おそらく住宅問題もかかえているだろう。そしてたまにテレビに映る首都平壌はずいぶん立派な街並みと建築があるように見受けられる。歴史的に強力なリーダー（？）がいる国にはモニュメンタルな都市計画や建築が存在するものだ。南北の問題と同時に日本との間にも様々な政治的、歴史的問題があり関係はすぐには改善しそうにないが、もっと民間レベルで交流ができるのではないだろうか。そこでぜひとも実際に北朝鮮へ行き、洪水の被害を視察したり、街や建築を見て回り建築家とも交流できないだろうか、そして日本に彼らを招待して展覧会やシンポジウムができないだろうかと考えた。

さて、行ってみたいと思っても簡単に入国できるわけでなく、まず、在日韓国人の友人から朝鮮総連の人に私の思いを話してもらった。計画書(入国の動機)が必要だというので上記のようなことを書いて提出すると、朝鮮総連まで面接に来るように言われた。国際部の徐忠彦さんにお会いすると、今まで文化面で、特に建築家が交流したいとか水害に際して何か役に立ちたいと言ってきたのは初めてだが、そのようなことであればどんどん支援したいと言ってくださった。しかし一人で入国するわけにはいかないので、たまにある訪朝団の中で加えてもらえそうな団体を探してもらうことになった。すると、ちょうどNGOの曹洞宗国際ボランティア会(SVA)のグループが食糧支援で訪朝するというので、そこに便乗させていただくことになった。

北京経由で入国したが、同じ飛行機に一九七〇年のよど号ハイジャック事件で北朝鮮に亡命を計画した塩見孝也氏が乗っていた。私はもちろん顔も知らなかったが、曹洞宗のお坊さんたちはちょうど同じ時代に学生運動をしていたそうで、憧れの人らしく握手を求めに行っていた。また、平壌のホテルと帰りの飛行機では、アントニオ猪木さんと一緒であった。北朝鮮航路ではずいぶん有名人と会うものである。

平壌空港に着くと、労働党の朝日親善友好協会の李正吉さんと平壌外国語大学日本語学科の金教授が我々の通訳兼ガイドとして迎えてくださった。空港からまず連れて行かれたのが、金日成元総書記の一五メートルほどの銅像が立つメモリアル。そこで銅像に向かって献花をすることが義務付けられている。我々の他にもウェディングドレスを着た新婚夫婦や小学生のクラスが献花に来ていた。

ホテルは市の中心にある高麗ホテルで、今、世界中で流行りの、四〇階以上ある二本のタワーを中間のブリッジで繋いだモダンな建物である。ここで、一般の人々の金日成氏への忠誠心を表すエピソードがあった。我々のホテルは外国人向けのインターナショナルホテルなのでファックスを送ることができる。もちろん検閲なしに日本語で自由に書けるわけだが、その日の思い出として、金日成氏の銅像の前で我々が献花している様子をスケッチにしてファックス用紙に書いた。すると受付の女性がそれを見て何やら猛然と私に文句を言う。金教授を呼んで通訳してもらうと、「偉大なる金日成同志の顔に目も鼻もなく、侮辱している」とのことであった。「侮辱しているのでなく単に絵が下手なので簡単に書いただけだ」と言った

ファックスで送ったスケッチ

평양
PYONGYANG

平壌の風景

平壌の人々

のだが、なかなか理解してもらえない。結局別の人がファックスを送ってくれたが、このエピソードで、いかに一般人が金日成、金正日両氏を崇めているかがわかった。

今回の訪朝中のスケジュールは基本的に、SVAが以前送ったお米が地方都市で確実に市民に届いているかを確認するもので、私もそれに同行させていただいた。ただ、地方都市で洪水の被害を受けた住宅を見たいとリクエストを出したのだが、それはかなわず、その代わりに水害で家をなくした被災家族が住んでいるアパートへ案内された。それは既存の二ベッドルームのアパートを二家庭で分けて使っていたので、当然狭くて物が溢れていた。しかし案内してもらったのがそこだけなので、全体の様子はまったくわからなかった。

食糧危機に関してもアレンジしてくれた所しか見ることができないのだが、その限りでは思ったよりひどくない印象を持った。平壌ではまったく食糧不足の様子はなく、地方都市で案内された孤児院の子供も栄養失調には見えなかった。が、もちろん全体の様子はここでもまったくわからなかった。食糧危機は、二年続きの洪水とその次の年の干ばつによるものだが、国際的支援により一時的に危機は脱したようである。

しかし、食糧問題は以下のようなもっと構造的なものであった。①農業機械はソ連に頼っていたが冷戦終結後ロシアがアメリカと親密になったため、ロシアからの支援を断ってしまった。その結果土木機械自体やパーツが入らなくなり、すべて家畜と人力に頼るため生産効率が悪くなった。②中国が韓国と国交を結んだため、中国からの食糧支援を断ってしまった。③金日成元総書記が作り上げた主体思想により、国民の主食は米とトウモロコシに限定され、二期作で麦など作らなかったため、夏に水害があると、それ以後他の作物を作ることができなかった。このような構造的問題により食糧危機はこれからも継続することになるのであろう。

首都平壌はきちっと都市計画が作られ、ヨーロッパのように軸の通った道路とそれらの交差点の記念碑やモニュメンタルな建築群がよく整備されている。少々アンバランスなのは、エネルギー危機で電気を節約しているため信号機が機能しておらず、その代わりにとても可愛い婦人警官が各交差点に立ち、ロボットのような正確な動きで車を捌いていたことである。建築のスタイルにおいては、多くのロシア人建築家がかかわっていたと思われるようなロシア構成主義的建築が目につく。そしてスローガンの大きな文字が、建物の上、記念碑、歩道橋、そして野山にまで、至る所に設置されている。

建築家と交流をもちたいというリクエストはある意味では叶えられた。建築家といってても社会主義なので、個人的に設計事務所をもつ建築家がいるわけでない。国中の建築は一手に国営の白頭山建築研究所で計画されている。内に通されるとそこには一〇〇〇分の一の巨大な平壌市都市部全体の模型(写真は不許可)があった。模型の製作が一九八五年になっており、その段階ですでに建設中で後にストップした、世界で最も高い幻の超高層ホテルが中心に建っていた。このホテルの軀体は完成し、内外装を外資で行なう予定であったのだが、アメリカの経済封鎖で進まなくなったのである。(写真で撮った以上に近くへは連れて行ってもらえなかった。)ここで驚異的なのは、現在も工事が進んでいる建築の計画がすでに一九八五年以前に出来上がっていて、それを着実に今も作り続けている事実である。ただ最近の経済危機で、金正日氏の映画撮影所は遠くから見る限り工事が進んでいないようであった。それと金正日氏がバスケットボールに力を入れているので、日本の支援でバスケットボール用のホールを作ってほしいと親善協会の李氏から何度も言われたのが印象的であった。

研究所を出る前に、中を案内してくださった設計室長に私の災害用の紙の建築の話と、ぜひ日本に北朝鮮の建築家を招待し展覧会とシンポジウムを開きたいと提案すると、室長も親善協会の李さんも大変興味をもたれた。ただ、すべての費用は日本側で捻出する必要があるようだ。

今回は初めての短い訪問で、国の事情もあり、十分な情報が得られたとは言えないが、それでも様々な構造的問題や社会主義的教育も目の当たりにすることができた。一番印象深かったのは、とても純粋に我々に接してくれた金教授の態度や、訪れた孤児院の保母さんたちの透き通るような笑顔である。それは、自分の仕事に誇りと生き甲斐をもっている人の顔であり、日本ではなかなか見られない顔である。

我々は北朝鮮のシステムを一方的に悪いとみなしたり、市民は不自由で可哀相だと思ったりしがちだが、こういう人々を見ていると、すべてが自由で物が溢れ、新しい技術が日々進歩している日本に住む我々は本当に幸せと言えるのだろうかと考えてしまった。北朝鮮のシステムを肯定するわけではまったくないが、何のための自由であり何のための技術の進歩なのか考えてみると、現在の日本のシステムは単に目標を見失った豊かさを得るだけのための一方通行に思われてくる。

ゼネコン名前入り現場用シート計画

アーティストのクリストによるプロジェクト、特に都市を舞台としたものに、世界規模でのNGOによる人道支援のひとつの規範を見る思いがする。彼のアート作品は大きな布で、様々な物(建物、橋、自然のランドスケープなど)を梱包するので有名だ。

パリのポン・ヌフ、ベルリンのライヒスタークを見てもわかる。まず、状況を把握し、計画立案する。そして行政との交渉、ファンド・レージング(お金集め)、ボランティア集めにパブリック・リレーション(広報活動)。一般市民はそういったプロセスを知らず(知る必要はないのだが)、結果として出来上がった梱包された歴史的建造物の、歴史的意味とフォルムの美しさを再認識する。最後に、梱包に使ったプレミアつきの布を切り売りし、次のプロジェクトの資金を集める。

前にもふれたが、日本では伝統的な美徳として「不言実行」、つまりいいことをするとき名前も名乗らず黙って行ない去るというのが良しとされてきた。しかしこれからの国際社会ではそれは通用しない。誰が、何を、何のために行なうか事前に理解してもらう必要がある。そして、これを単発的な行為で終わらせず、継続的な活動とするためにPRし、資金集めも行なう。

一般的に日本では、ボランティア活動をただで行なう慈善行為と思いがちだが(もちろん個人の単発的なそのような慈善行為も非常に重要なのだが)、本来は個人の出費などの負担をかけず、活動を長期的・組織的に行なうため専属スタッフを養っていかなければならない。つまりお金を作り出さなければならないわけである。ただ、株式会社とNGOの違いは、株式会社がお金を個人の利益のために稼ぎ還元させるのに対し、後者はお金を次の活動のために稼ぐわけである。

これまで、神戸、ルワンダ、カンボジアの被災地を回り、水、食糧、薬のほか緊急時に共通して必要なものに、雨風をしのぐためのプラスティックシートがあることに気がついた。ＵＮＨＣＲや国際赤十字は自分たちのロゴ入りのプラスティックシートを緊急時のために備蓄している。そこで我々もシートを備蓄し、まずはルワンダやその近隣国で使用するため、日本中のゼネコンから、ゼネコンの名前入りの中古現場シートを寄付してもらおうと考えた。そしてそれを被災地で使い、例えばルワンダの難民キャンプの屋根に日本中のゼネコンの名前が出て、それを世界中のマスメディアが報道する。日本でも、日本のゼネコンはこんな素晴らしい国際貢献をしているのかと話題になるだろうし、寄付してくださった方々も具体的に寄付したものが有効に利用されているのを見れば、また引き続き支援しようという気持ちにもなっていただけるのではないだろうか。とりわけ、一九九五年には日本中の人々が神戸のために寄付し、それがどう使われているかまったくわからず、がっかりした経験があるだけに、支援の結果が具体的に広報されるということは、次の活動に繋げるという意味で人道支援にとって非常に重要なことである。それゆえに、ＵＮＨＣＲや国際赤十字でさえお金をかけてでも支援物資にロゴマークを入れているのである。そういった意味で、これからの国際貢献では、クリストの戦略はたいへん参考になるものである。

NGO・VANの設立

これまで述べた背景のもと、実際に進んでいる活動の資金を、公的助成にもとめるため、一九九六年八月、正式にNGO・ボランタリー・アーキテクツ・ネットワーク(VAN)を設立した。正式にといっても政府のNPO法案が決まらない現在は、公的助成団体が神戸での活動実績、収支報告などをもとに、VANをNGOと認め、助成対象としてくれたということである。

なお、VANについてのフェイスブックと、坂茂建築設計のホームページを開設している。ぜひ一度見ていただきたい。

文庫版あとがき
その後の「紙の建築」（インタビュー）

――本書の、その後のことをお聞きしたいと思います。「紙の教会」は台湾の大地震（一九九九年）の後、そちらへ移築されたそうですね。

ええ。埔里《プーリー》という村です。むこうから要請があったのです。神戸に紙の建築をつくってからちょうど一〇年経った頃、そろそろきちんとした教会を新築しようということになって……その設計も縁があったものですから依頼していただきました。ただ、やはり愛着がわくもので、皆さんが「壊して捨ててしまうのはもったいない」と思っていたのですね。敷地が広いので、残したまま新しい建物をつくろうという意見もあったのですが、ちょうど台湾の被災地から、あれを譲ってもらえないかというお話があったので、解体して船で送りまして、地元のボランティアの人たちの手で再建したのです。いまも地元の人たちに、いろいろな使われ方をしているみたいですね。教会だけじゃなくて、コミュニティセンターとして、コンサートをやったり。

あれを機に、仮設ってなんだろう、と考えました。「紙の教会」は仮設としてつくりましたけれども、強度的には建築基準法に則って、耐震性も考えて設計しているので、設計的にはパーマネントのものと同じ仕様で設計している。コンクリートでつくられた建物でも地震で壊れたりします。世の中の商業建築は、ほとんど〝仮設〟ですね。赤坂見附にあった、丹下健三さんが設計した立派なホテルがありましたけれども、あれも三〇年でなくなりました。建物の構造材料ではなくて、人々がその建物を愛せるかどうかで、仮設かパーマネントかが決まるのだなということを感じました。

――ハノーバー万博のパビリオンなどはいかがでしたか。

万博のテーマ自体が環境問題だったので、日本でというか、世界で唯一リサイクル材を使って建築をする僕が選ばれてパビリオンをつくることになった。普通、建築というのは完成時が、われわれのデザインプロセスのゴールですけれども、僕にとってハノーバーの万博のパビリオンのゴールは解体時に置きました。最初から半年後に解体されるということが分かっていたので、なるべく廃材が出ないように、ほとんどの建築材料をリサイクル、あるいはリユースできるようなセレクションと工法を選んでつくった。ですから、ドイツの紙管メーカーが、解体したあとにそれを引き取ってリサイクルするというところまでを契約に入れています。基礎も、コンクリートというのはリサイクルが難しい材料なので、代わりに木の箱の中に砂を詰めて、それを基礎にしたりして、デザインの材料の選択や工法自体も、解体されたあとどうなるかを考え、リサイクル、リユースを前提に設計した。あれは解体されるためにつくったようなものなのです。

――阪神・淡路大震災では仮設住宅として紙のログハウスをつくりましたが、坂さんがその後取り組まれたのは、避難所用の間仕切りシステムです。これは何度も改良を重ねられたようですが、最初は新潟の中越地震(二〇〇四年)ですか?

ええ。神戸で活動している時から、避難所のプライバシーがないという問題に気がついていました。しかしその時は教会のボランティアに手一杯で、何もできなかった。そのあと中越地震が起こったので、また同じことが繰り返されると思って、それで被災地へ行って間仕切りづくりを始めたのです。初めてなので、使う側のニーズや、行政側の対応が分からないままでした。はじめは小さな家の形をしていたのですが、家族が六人だったり二人だったりで、それぞれ必要なスペースの大きさも違うし、そこまで閉鎖的な家の形にする必然性もなかった。行政の方も間仕切りを与えた経験がまったくないので、プライバシーの問題で皆さんが苦しんでいても、それを何とかしようとは全く思っていないのですよね。むしろ、かえってそういうものがあると管理し

避難所用 紙の簡易間仕切りシステム 第4バージョン

にくなると言います。陰でお酒を飲まれては困るとか言って……。とにかく彼らは前例のないことはできないので、いくつかは授乳室や子どもの勉強室や遊び場として提供しましたが、そこではそれ以上の広がりがなかった。
そのあとは次の年の、福岡県西方沖地震(二〇〇五年)。その時はもっと簡易なもの、ハニカムボードをガムテープでとめるだけのものを提供しようと思ったのですが、福岡の役所の人はもっと意地悪で、避難所にも入れてくれなかった。ですから雨の中、駐車場で……そう、たまたま当時民主党の岡田克也さんが見えたので、目の前で実演したのです。その時に避難していた方が外に出てきて、「これ、この高さ(腰の高さ)だとプライバシーは守れないよ」という意見をくれた。それでまたその次の年に、これは地震があったわけじゃなく、藤沢市の防災の日にデモンストレーションをしました。新潟と、福岡での経験を踏まえて、プライバシーをきちんと守りつつ、行政の人から「あまり閉鎖的では困る」という注文もあったので、開けたり閉めたりできるカーテンを採用した。サイズ的にも家族の大きさによって自由にアジャストできるような、今までの経験を踏まえた第三バージョンをつくりました。

ジョイントを使わない第４バージョンの接合部

その準備があったから、東北で大地震が起こった直後、すぐに作業にかかれた。ベニヤのジョイントを作ってくれた会社が二〇一一年には倒産していたのと、それから紙管は安くてもジョイントは高額だったので、東北の第四バージョンではジョイントのない新しいタイプを開発しました。太い紙管に穴をあけて細い紙管を差し込むだけ。前のバージョンは揺れるので、筋交いが必要でしたが、第四バージョンだと剛接合でしっかりする。前はプレートの基礎があったのですけど、それすらなくなってさらに簡易的になっています。

手軽に安くつくれるようになったのですが、それでも行政にはずいぶん断られました。転機になったのは、山形の避難所に行った時。相変わらず行政の人たちは、そんなことはやりたくないものですから、実演したいと言ったら「会議室でやれ」と言う。避難している人たちに見てもらいたいので廊下に出させてもらったのですが、避難所ではやらせてくれなかった。そしたら、たまたま避難所にまた民主党の岡田さんが(笑)県知事と山形市長を連れて視察に来られて、僕のことを覚えていてくれたのですね。「前よりもいいものをつくりましたよ」と言ったら、「じゃあ、見に行くよ」って。「これ、いいなぁ」と言ってくれた。そしたら山形市長が「これを全世帯に差し上げます」と。担当の役人は皆嫌がったのに、市長がそう言ったものだから、山形の総合体育館は全家庭に配れたのです。

岩手県の大槌高校の体育館では……大槌は町役場が流されて、町長をはじめ職員がずいぶん亡くなった。そのせいで人が足りないから、高校の物理の先生が避難所の管理を担当していたのです。物理の先生は前例主義じゃない。見て、「あ、これいいね」ということで、すぐやろうということになった。そうやって、断られてはまた次に行って、いくつかのチャンスで実現して。いろいろと報道されるようになってから、少しずつやりやすくなりましたね。

それでも行政の人は、前例がないとやらないだろう。だから次に地震があった時のために、いま、当時の私の学生(京都造形芸術大学)と一緒にあちこちの市町村の防災の日に行って、デモンストレーションをしています。その甲斐あって、京都市、大分県とは防災協定を結びました。災害があったらすぐに連絡がきて、間仕切りを普及させましょうと。これまでは僕らが全部お金を集めてやっていたのですが、これについては行政のお金で。紙管屋さんは全国にありますから、近隣の指定業者もつくり、そこに発注することになっています。世田谷区をはじめ、様々な所でデモンストレーションをやっていますが、できれば日本全国に普及させたい。そうすれば、何かあった時にいちいち役所の人を説得しなくても、いち早く普及できる。そういう普及活動をやっています。

――役所の前例主義をどうやって乗り越えるか、普段からプレゼンテーションなど準備を積み重ねていくことも大事だということですね。政治家の役割も大きい。

東日本大震災ではこのほか、女川で三階建てのコンテナ仮設住宅もつくりました。神戸の時もそうでしたが、さら地があまりないから、仮設住宅をうんと遠くにつくらざるをえない。今回の東北でもそうでした。これから都市で災害が起こったら、必ずそういうことが起こります。政府が標準とする平屋じゃなくて、二階建て、三階建てが絶対に必要になるだろうと思っていたので、三階建ての模型をつくって、間仕切りシステムの普及のためにいろいろな町を訪れる時に、なるべく市長さんや町長さんにお会いして、「もし土地がなかったら、こういうやり方がありますよ」ということで模型を見てもらいました。そして、初期の四月段階から東北三県(宮城、岩手、福島県)に登録をしておいた。登録していないと、いくら必要だと言われても建てさせてもらえない。たまたま行った女川で、町長から「うちは野球場が一つしか残っていない。それなのに、あと一九〇世帯分必要なので、平屋では十分建たない」という話があったものですから、「じゃあ、これをつくりましょう」ということになりました。宮城県だけは、市町村の判断で仮設住宅をつくれることになっていました。女川の当時の安住町長が非常にリーダーシップのある方で、英断してくださった。

地震からしばらくして、国交省から呼ばれて、各都道府県の仮設住宅の担当者の前で講演させていただいたのですが、そこで各県の担当者が皆、次に震災があったら必ずこういうものが必要になると言ってくれた。しかし当時、許可を取ったりするのが大変だったので、標準の仮設住宅になるように、これを施工してもらったTSP太陽という会社にはプレハブ建築協会に加盟してもらうようお願いしました。それが標準品になって、地震があった時に必要があれば行政の人がカタログみたいに指定できる

上：女川町の３階建てコンテナ仮設住宅　下：同 ９坪タイプ内観

ようなものになりました。

――ノマディック美術館を思い出しました（コンテナを積み重ねた移動式展覧会場。二〇〇五年にニューヨーク、翌年サンタモニカ、翌々年東京お台場に、坂氏が設計）。

そうですね。タテとヨコの違いはありますけど、工法的には同じです。

――仮設住宅というより、避難者がほかの場所に移れるようになっても、そこに留まりたいと言われるという話を聞いて、それが素晴らしいなと思います。家賃を払ってでもそこにいたいというぐらい、居心地がいいのですね。

皆さん、家賃を払ってでも住み続けたいと、いまだにおっしゃっていますね。前に住んでたところより、ぜんぜんいいとかね（笑）。

従来の仮設住宅は、必ず避難者から苦情が出る。隣の音がまる聞こえですから、気になってしまうのです。あるいは、自分が出す音、子どもの声などが周りに迷惑をかけているのではないかと、精神的に不安になったり。僕らがつくった仮設住宅は、遮音効果もちゃんとあります。上に住む人の音が気になるのではないかと言われましたが、それがないように上下間の遮音もやっている。

当たり前のことなのですが、建築家がやるということは、やはり美しさと使い心地、住み心地がいいものをつくる。それが我々の仕事ですからね。業者は、言われたら速く、安くつくらなければいけないという使命がありますけれども、僕ら建築家の役割は、問題点を解決して、より美しく、住み心地がいいものをつくることです。

僕が何万世帯分を全部つくれるわけではないですから、いま政府がつくっている仮設住宅のレベルアップというか、アップグレードもしなければいけないと思っています。プレハブ建築協会のトップと話してみると、次にまた地震があると、東日本大震災の時と同じ量の供給はできないと言う。ああいうプレハブは、日常的に需要がないから工場はどんどん閉鎖されていて、それだけの量はもう供給できない。それでいて、やはり住み心地は悪いし、値段も高い。

それで今、新しいタイプの、もっと住み心地がよくて、大きさもアジャストできるようなものを開発して、マニラに工場をつくりました。様々な災害が世界中で起こり、これだけグローバル化すると、もう一国だけではものごとを解決できない。ですから日本に工場をつくるのではなくて、そういうものを必要としている途上国で、新しい雇用を創出しつつ、また各地域の住宅問題にも役立つように――スラムもずいぶん多いですから、普段はそういうところに使ってもらいつつ、日本のような地震国で必要になった時に供給する。同じ構造のシステムだけど、途上国の住宅にも合うし、先進国の仮設住宅にも合うようにいくらでも変容できます。その工場をマニラにつくって普及させようと思っています。

――FRP（繊維強化プラスティック）素材のプロジェクトのことですね？

FRPは表面です。中に発泡スチロールが入っています。発泡スチロールは軽くて、断熱性能が非常に高い。でもそれだけでは弱いので、両側にFRP、ガラス繊維を貼って、プラスティックを塗る。大きな投資をしなくても、大工場でなくてもつくれる技術なので、そういう新しい構造のパネルを作っています。輸送代の問題から、今はとりあえずアジアをターゲットにしています。

――紙の建築だけではなく、現地調達が可能なもの、現地で容易に組み立てられる仕組み、現地の風土に合った設計など、坂さんはそうした点を大切にして、素材はむしろ変えていっていいのだということで展開されたのが、『紙の建築　行動する』後の取り組みだったのかなと思います。

そうですね。紙だって、鉄だって、コンクリートだって、それぞれの素材にそれぞれ適切な使い方があるのです。別にコンクリートが悪いわけでもないし、コンクリートにしかできないこともある。それぞれの素材を活かせばいい。鉄でできているコンテナだからこそのよさもありますしね。適材適所だと思う。ただ、いま言ったように輸送のしやすさとか、組み立てやすさとか、修理をどうするのかとか、そういうことは共通の問題としてあるので、そこまで考えて提案しないと駄目ですね。

――住み心地のよさというのは、コミュニティという単位に支えられもします。そういうことについてはどう考えていらっしゃいますか。

僕がやるまでもなく政府の方針として、仮設住宅何軒かに一つ、コミュニティの集まる場所をつくることになっています。僕らの場合もコンテナを使ってコミュニティセンターをつくりましたし、それだけでは不十分なので、坂本龍一さんの寄付で〝マルシェ〟というマーケットをつくったり、千住博さんの寄付で子どもが遊べる場所、アトリエをつくったり。仮設住宅は隔絶した不便な所にできてしまうので、ちょっと買い物ができたり、遊べたりすることは重要だなと考えています。

でも、まず基本的には一軒一軒の住み心地をよくすることですね。やっぱり自分が住むのだったらこうありたい、というように。

――住みにくければ離散してしまいますからね。住みやすければ、そこに留まる人がいて、コミュニティも保存される。

ええ。私が設計した女川駅のオープニングの時に、うちの仮設に住んでいる方が見えていて、声をかけてくださって、「また、坂さんがつくったのが、とてもうれしいです」「またいいものができるのではないかと思って見に来ました」みたいなことを言ってくださって、そういうのが一番うれしいですね。

――去年、大分県立美術館をおつくりになって、ＪＩＡ日本建築大賞を受賞されました。おめでとうございます。

ありがとうございます。地方都市に美術館やコンサートホールを見に行く時には、タクシーの運転手さんに話を聞くのです。「あの建物どうですか」と言うと「あんなの税金の無駄づかいだ」と言われることがすごく多いし、「自分では行ったことがない」と言う。美術館が美術愛好家だけのための建物では、税金を使ってつくる以上、駄目なのではないか。あるいはコンサートホールが、音楽愛好家しか行かないのでは……。それでいて「あの建物は誰がつくったか知ってますか」と聞くと、「鹿島だ」「竹中だ」と言う。建築家の名前などまず知らないし、興味もない。それがちょっと寂しいなと思うのと、いま言ったように、普段使わない人たちも使えるような公共施設であるべきだと。そうじゃなければ、日本人というのは一般的に公共建築にそんなに愛着をもたないのですよね。

フランスでポンピドーセンター・メス(Centre Pompidou-Metz)をつくった時に、町を歩いているとぜんぜん知らない人が僕に声をかけてきて、「うちの町に、あんな素晴らしい建築をありがとう」とよく言われます。西洋では公共建築に対して非常に愛着もあるし、誇りをもっている。建築家の問題もありますが、一般市民の認識も全然違うわけです。日本では、施設を使わずに文句を言っている人が多い。大分の美術館では、普段はその施設を使っていない方に、どうしたら来てもらい、使ってもらえるようになるかということを一番メインのコンセプトにしました。ですから、前面を開いて自由に入れるようにする。あるいは、一階では堅苦しい展覧会じゃなくて、それこそ物産展をやっていてもいいし、結婚式の披露宴をやっていてもいい。ニューヨークの近代美術館や、パリのポンピドーセンターみたいに世界的に有名な施設でも、入場者収入だけでは運営できないので、いろいろな企業に場所を貸したり、展示会をやってもらったりしている。税金の無駄づかいをしないだけじゃなくて、普段来ないような人たちにも施設を使ってもらうための企画、運営をできるようにしなければいけないのではないかと考えて、一階をそういうことができるようなフレキシブルなものにしたのです。

いま、東京などでも、家電量販店に行くと、扉がなくて、冬でもシャッターを開けっぱなしにして自由に出入りできますよね。あれって、すごく重要なことで、たとえ透明なガラス一枚でも、押して入るというのは勇気がいる。だけど、何もないとフラッと入ってみようという気になるわけです。いかに普段使っていない人たちにも使ってもらって、愛着をもてるような施設にするかということ。それをいま、テーマに考えているのです。それは美術館に限らないことですけどね。

――一昨年、プリツカー賞という非常に大きな、名誉ある賞を受賞されてから、お忙しくなりましたか？

仕事のチャンスは、確かに増えたと思います。ただ、事務所を大きくしたり、それに甘んじて大きな仕事を取ったりということは、あまりしたくないと思っています。建築家の考え方それぞれで、どれがいい悪いということではなくて、僕は、やはりすべて自分で設計して、自分の目が行き届くような管理をしていきたい。目が行き届かなくなると、クオリティは必ず落ちる。そうはしたくないので、いろいろなチャンスがあるからといって、仕事を広げすぎないようにと考えています。

いま現在は、先ほども言ったように、災害支援の普及活動をしたり、ネパールの活動をいくつかやっています。ただやっぱり、賞をいただいたこともあってよけいに考えるのですが、いかに自分をトレーニングし続けるかということを考えないと駄目だなと思います。建築家に限らないことですが、賞をもらったり、大きな仕事を始めると、いつの間にか人は変わってしまう。そうはなりたくないなと思っているのです。

――慶應義塾大学でまた講義を担当されはじめたとお聞きしました。

戻ってきてくれと言っていただいたので、設計の課題と、研究室とゼミとをやっています。その前は京都造形芸術大学でやっていました。一度、慶應を辞めて、そのあとハーバードとコーネルで教えたのですが、日本の大学のシステムには意外といいところがあるなということが分かりました。ゼミのシステム、研究室というのは、海外の大学にはないのです。災害支援のプロジェクトをやっても、ワンセメスターで終わってしまう。研究室があると、一年生から大学院生までずっといて、中長期的なプロジェクトができる。それが日本ではできるということに気がついて、それでまた日本の大学に戻ってきたのです。災害支援のボランティアというのは、なかなか事務所ではできなくて、研究室で学生と一緒にやるのが制度として一番いいので、そういうこともあって、大学へ戻りました。

——坂さんのお仕事を、若い人たちが実際に身近で見て、自分で考える材料になったりすることはとても大切だと思います。

教育というのは、本当に重要なことですよね。僕はアメリカで教育を受けたのですが、よい教えを受けた先生方には何の恩返しもできないし、向こうも期待しているわけではない。唯一できることは、自分が同じことを次の世代にすること。いい教育を受けたから、いまの自分があるので、教育活動というのはすごく重要なことですし、自分の社会的な使命だと思っています。

（二〇一六年四月八日、坂茂建築設計にて。聴き手＝編集部・大矢一哉）

編集部後記　このインタビューを収録した直後の四月一四日、熊本を中心とした九州中部、そして南米のエクアドルでも大きな地震が発生し、多くの被災者が困難な生活を余儀なくされている。坂氏は今回もすぐに、自身のウェブサイトで熊本への緊急支援プロジェクトを表明し、避難所の簡易間仕切りシステムの設置を開始した。エクアドルでも自身の経験について講演し、仮設シェルターの建設を始めた。「紙の建築」の行動は、休む間もなく継続している。

本書は一九九八年一一月、筑摩書房から刊行された。文庫化に際し、若干の訂正等を加えたほか、「2 紙は進化した木だ」の「二〇〇〇年ハノーバー万国博覧会日本館」を『新建築』二〇〇〇年八月号掲載の文章に基づいて大幅に加筆し、また「文庫版あとがき――その後の「紙の建築」」を新たに加えた。

紙の建築　行動する
——建築家は社会のために何ができるか

2016年6月16日　第1刷発行
2025年2月14日　第5刷発行

著　者　坂《ばん》　茂《しげる》

発行者　坂本政謙

発行所　株式会社　岩波書店
〒101-8002 東京都千代田区一ツ橋2-5-5
案内 03-5210-4000　営業部 03-5210-4111
https://www.iwanami.co.jp/

印刷・精興社　製本・中永製本

ISBN 978-4-00-603299-9　　Printed in Japan

岩波現代文庫創刊二〇年に際して

二一世紀が始まってからすでに二〇年が経とうとしています。この間のグローバル化の急激な進行は世界のあり方を大きく変えました。世界規模で経済や情報の結びつきが強まるとともに、国境を越えた人の移動は日常の光景となり、今やどこに住んでいても、私たちの暮らしは世界中の様々な出来事と無関係ではいられません。しかし、グローバル化の中で否応なくもたらされる「他者」との出会いや交流は、新たな文化や価値観だけではなく、摩擦や衝突、そしてしばしば憎悪までをも生み出しています。グローバル化にともなう副作用は、その恩恵を遥かにこえていると言わざるを得ません。

今私たちに求められているのは、国内、国外にかかわらず、異なる歴史や経験、文化を持つ「他者」と向き合い、よりよい関係を結び直してゆくための想像力、構想力ではないでしょうか。

新世紀の到来を目前にした二〇〇〇年一月に創刊された岩波現代文庫は、この二〇年を通して、哲学や歴史、経済、自然科学から、小説やエッセイ、ルポルタージュにいたるまで幅広いジャンルの書目を刊行してきました。一〇〇〇点を超える書目には、人類が直面してきた様々な課題と、試行錯誤の営みが刻まれています。読書を通した過去の「他者」との出会いから得られる知識や経験は、私たちがよりよい社会を作り上げてゆくために大きな示唆を与えてくれるはずです。

一冊の本が世界を変える大きな力を持つことを信じ、岩波現代文庫はこれからもさらなるラインナップの充実をめざしてゆきます。

（二〇二〇年一月）

S297
フードバンクという挑戦
―貧困と飽食のあいだで―
大原悦子

食べられるのに捨てられてゆく大量の食品。一方に、空腹に苦しむ人びと。両者をつなぐフードバンクの活動の、これまでとこれからを見つめる。

S298
いのちの旅
「水俣学」への軌跡
原田正純

水俣病公式確認から六〇年。人類の負の遺産「水俣」を将来に活かすべく水俣学を提唱した著者が、様々な出会いの中に見出した希望の原点とは。〈解説〉花田昌宣

S299
紙の建築 行動する
―建築家は社会のために何ができるか―
坂茂

地震や水害が起きるたび、世界中の被災者のもとへ駆けつける建築家が、命を守る建築の誕生とその人道的な実践を語る。カラー写真多数。

S300
犬、そして猫が生きる力をくれた
―介助犬と人びとの新しい物語―
大塚敦子

保護された犬を受刑者が介助犬に育てるという米国での画期的な試みが始まって三〇年。保護猫が刑務所で受刑者と暮らし始めたこと、元受刑者のその後も活写する。

S301
沖縄 若夏の記憶
大石芳野

戦争や基地の悲劇を背負いながらも、豊かな風土に寄り添い独自の文化を育んできた沖縄。その魅力を撮りつづけてきた著者の、珠玉のフォトエッセイ。カラー写真多数。

2025. 2